57+1的鑽石人生

打磨出自己最好的樣子

曾郁雯——著

LIKE DIAMONDS

57+1的鑽石人生｜目錄

珠寶詩人曾郁雯

CONTENTS

推薦文／細緻的一種抒情　鄭愁予　8
推薦文／收藏且珍惜之……　簡靜惠　10
推薦文／從四十年前說起的緣分　梁旅珠　12
推薦文／人生是一顆不斷琢磨的鑽石　李清志　16
推薦文／透過珠寶述說的動聽故事　韓良憶　18
自　序／打磨出自己最好的樣子　20

Part 1 打磨與考驗

珠寶設計師的從業之路

1 找到讓自己發亮的那道光　24
2 尋找一條朝向幸福的路　29
3 先插柳才能看見柳成蔭　33
4 多聽多看多學　36

5 要活得舒心，就要創造美好環境 40
6 要懂得避開致命的缺點 43
7 突破萬難，勇敢追夢 47
8 斜槓是成就人生的養分 51
9 熱情來自不忘初心 55

Part 2 善意的良性循環 待人處事之道

10 留下良好的第一印象 60
11 利他就是利己 64
12 有自由的靈魂，才有完美的作品 67
13 最好不如剛好 70
14 人脈，從交朋友開始 73

Part 3

打造美麗人生

生活美學觀

15 練習丟掉過重的包袱 78
16 活出自己的典型 82
17 儀式之必要，認真對待一件事 86
18 留點距離才有美感 89
19 在旅行中思考人生意義 92
20 不是標準答案也沒有關係 95
21 心有餘裕就會舉止優雅 98
22 成為一流的鑑賞家 101
23 將美麗變成一種力量 103
24 勇敢保有最真實的一面 106

Part 4

郁雯流的精神

珠寶設計心法

25 學習永遠不嫌多不嫌晚 110
26 大膽創造引領風騷的題材 115
27 真正的專業不能等待靈感 121
28 培養說故事的能力 126
29 擁有設計師的好本領 130
30 送出祝福，成全美事 134
31 找到改變的方法 138
32 信任能創造奇蹟 142
33 色彩和自然都能療癒人心 146
34 打開你的心眼 150
35 復刻的魅力 154
36 珍惜款待的心意 159

37 跨界合作提升視野 163
38 發展幸福美學經濟 168
39 回歸生活本質 173

Part 5 設計的繆斯

珠寶作品賞析

40 錯愛 178
41 鯨魚在唱歌 181
42 花影邊境 184
43 苔 188
44 京都之心 192
45 冬雪 195
46 嵐山秋霧 199

47 月光戀曲 204
48 朧月夜 210
49 彩蝶飛 214
50 五福臨門 218
51 月湧大江流 222
52 舊愛新歡 226
53 虛懷若谷 230
54 紅色情深 234
55 結善緣 238
56 莫內睡蓮 241
57 流動的盛宴 245

後記

謝謝你還在這裡 250

大事記 252

推薦文

細緻的一種抒情

鄭愁予

詩人

我從海上來，帶回航海的二十二顆星。
你問我航海的事兒，我仰天笑了……
如霧起時，
敲叮叮的耳環在濃密的髮叢找航路；
用最細最細的噓息，吹開睫毛引燈塔的光。

赤道是一痕潤紅的線，你笑時不見。
子午線是一串暗藍的珍珠，
當你思念時即為時間的分隔而滴落。

我從海上來，你有海上的珍奇太多了……
迎人的編貝，嗔人的晚雲，
和使我不敢輕易近航的珊瑚的礁區。

——鄭愁予〈如霧起時〉

我們會用「寶光」形容一個人，寶這個字有保護的意思，永遠要存留的東西，才叫做寶。就像我們的小孩，我們會說他們是我們的小寶貝，希望他們健康，像寶貝一樣永遠明亮光彩。

首飾和人是最親密的，每天佩戴彷彿就會變成身體的一部分，不像其他普通的東西。如同帽子也是寶貝，首就是頭，古代女子滿頭都是珠翠，都是首飾，所以首飾和寶合而為一，都是明亮光燦。

傳世之寶很多都是首飾，象徵一代一代情感的傳遞，古董出土文物對小孩子沒有意思，但可以傳給他們首飾當成紀念。

郁雯寫了很多文字，她設計出來珠寶作品非常明亮，是很細緻的一種抒情。藝術創作的整個過程除了創作者的努力，也要有人欣賞。

欣賞的本質來自佩戴珠寶者的喜愛，因為喜愛自然就有了自信；待人接物時，因為首飾的美麗獲得驚喜的讚賞，就是自我風格和意志的展現。

郁雯以溫潤如玉的文字，專業的珠寶首飾設計經歷，完成這本書，就像刻劃一個尋寶的美麗印記，那麼明亮，那麼光彩熠熠，不論文字或珠寶首飾都值得品味、收藏。

推薦文

收藏且珍惜之……

簡靜惠

洪建全教育文化基金會董事長

阿嬤的雨傘是一蕊花
開佇春夏秋冬的四季
每一個黃昏的落雨時
驚阮的身軀濕糊糊……

一首由吟唱歌手陳明章的〈阿嬤的雨傘是一蕊花〉，勾起深埋我心的童年記憶：我想念我的阿嬤……

原來作詞者是曾郁雯呢！

郁雯是我歷史系的學妹，早年的她不僅寫出溫暖如詩的歌詞，也曾為布袋戲大師李天祿寫傳記，文筆流暢、膾炙人口。

投身珠寶界後，當年在台大歷史系的啟發與做學問的態度，是她的底蘊。

運用連結到珠寶設計，每一件作品都有來歷，都有故事。這是她設計作品的特質特色，也是她接受人文精神薰陶的展現。我擁有一件郁雯設計的黑白金珠交錯的珠墜，取名「豐收」。

金色的南洋珠　白蝶貝的金唇蠔生
白珠是白蝶貝的銀唇蠔生
黑色大溪地珠　黑蝶貝的黑唇蠔生
黑白金珠　錯綜交錯
起落飄搖　顛簸崛崎
輕舟已過　風平浪靜
象徵著圓滿豐收的故事等著大家來編寫

我喜歡並收藏著這款豐收的珠墜，戴著它，我也想著我的這一生。

期盼大家也跟著一起閱讀這本《57＋1的鑽石人生：打磨出自己最好的樣子》，郁雯的文學筆觸書寫自己在珠寶設計、生活美學，又有追求人生前進的勵志故事。

推薦文

從四十年前說起的緣分

梁旅珠
旅遊作家

在一九五三年的歌舞喜劇電影《紳士愛美人》中，瑪麗蓮・夢露曾唱過一曲〈鑽石是女孩最好的朋友〉，曲名後來成了廣為流傳的名言。二〇〇二年，珠寶詩人曾郁雯也曾以《珠寶，女人最好的朋友》為書名，發表珠寶作品集。

我雖沒有機會和珠寶結為好友，從而體悟出這兩句話的個中奧妙，但我的好朋友郁雯，將於今年（二〇二〇）十一月舉辦她珠寶作品的三十年回顧展，囑我務必為她同時發表的新書寫推薦文。在郁雯的文友當中，我的文采必然敬陪末座，對珠寶亦認識淺薄，更非郁雯作品的收藏大戶，為什麼是我呢？

郁雯和我的緣分，要從近四十年前說起。大學時，我常於課間跑到外文系好同學玉玫在台大女一宿舍的房間休息。有一天在窗台上看到一幅非常美的花卉粉彩，技巧純熟、剛柔並濟的線條筆觸，看起來分外親切熟悉，一問之下原來是玉玫的歷史系室友郁雯的作品。

那是我們第一次的「相認」。郁雯竟然記得，她高中在梁丹丰老師畫室學畫時，有一位綠衣北一女學生在裡面的教室畫國畫。不像郁雯有報考美術系的目標，當年我純粹是為了興趣，也不知哪來的毅力與恆心，每週六中午下課後轉兩趟車，總共搭三班次公車到永和梁丹丰老師的畫室學國畫。偶爾我也會在老師的鼓勵下，加入外面那群準美術班高手，接受老師女兒梁銘毅老師的指導一起畫畫素描。不過當時的我只知道傻傻的畫，對於畫室和曾經交會的人物都印象模糊，郁雯細膩的觀察力和超好的記憶力，由此可見一斑。

我母親是日本花道池坊流在台灣最資深的教授之一。大學時常有同學央求我母親開班授課，她一定大方答應，而且對這些孩子們只收花材費而不收學費，因此有不少同學包括郁雯，都曾經是我母親的學生。每回為了同學們開課，我都會參加第一堂課，之後就翹課落跑從此不見人影，因此被媽媽取了個外號叫「Lesson One」。雖說家學淵源，如今關於插花我依然手殘，但藝術天分滿滿的郁雯卻能將短時間的訓練發揮出最大的成果，每回看到郁雯巧手布置的鮮花，不論是在店裡或是工作室都生氣盎然、滿室馨香，總讓我感到汗顏。

一九九一年，我為即將出生的女兒離開職場。當時我住在安和路仁愛國小對面，常常步行穿過二一六巷前往忠孝東路的明曜百貨，每回經過這知名的珠寶巷，一定會被各店櫥窗展示的珠寶吸引而駐足欣賞。一日當我正盯著某個櫥窗內的美麗飾品出神忘我，店家店門忽然打開，只見老闆娘笑盈盈的探頭出來招呼我入內，沒想到竟然是郁雯！

第二次相認之後，雖然我很少買珠寶，多半只是把長輩餽贈的舊飾品拿去整理重鑲，但我有空就會跑到店裡找郁雯聊天，那幾年對她曾為資金發愁的日子看在眼裡。她生老三坐月子期間，照顧孩子的同時還要看店、寫稿，我曾帶著嬰兒用品去探望她，看他們一家五口窩居在小小店面的地下室，很是心疼。不過郁雯個性溫暖，事事為人著想，永遠笑臉迎人、廣結善緣，只看到她珠寶設計師的亮眼頭銜和華麗作品，或許無法想像這些年來她吃過多少苦頭。一九九九年的「鯨魚在唱歌」，是關於郁雯的生平與經歷，我認為最具代表性的珠寶作品。在一般人眼中不完美的珍珠，透過郁雯的想像力與創意，竟能輕巧靈動的傳遞出清純又美好的幸福感。

我生性疏懶，向來是老天給我幾分能力就做幾分事，對於需要花時間琢磨學習和反覆操演的事總是避之夭夭，因而特別羨慕佩服像郁雯這樣認真努力，不放過任何機會，把老天給的一百分天分發揮到兩百分的人。

從小到大，我們或有過類似的養成與夢想，但三十年來，郁雯將高中時代兩年的繪畫訓練扎實運用在珠寶設計上，幻化出無數件美麗的珍品，而我的畫畫能力卻倒退停留在塗鴉階段；大學時代的文史滋養，讓郁雯詩文小說樣樣信手拈來，可溫蘊也可奔放，我卻只勉強有能力用文字記錄旅行心得；藉由短短時間的花藝訓練，蘭心巧手的郁雯生活環境也總是綠意盎然、花香四溢，家有名師的我如今卻只能以「Lesson One」的綽號自嘲……或許正如郁雯所言，生活的磨難與挑戰，才是讓自己發光發亮的最佳利器。

在我看來，郁雯謙稱自己「一不小心」就斜槓的人生，看似幸運的多彩多姿，其實都是認真過生活後的水到渠成。郁雯一路走來，不負57＋1年的歲月，用心全力打磨出面面俱到的人生，就像鑽石一樣，轉一個角度都可看到不同彩度與光芒，不但成就美好了自己，也滋潤豐富了身邊人和收藏者的心靈與生活。

推薦文

人生是一顆不斷琢磨的鑽石

李清志
建築學者、作家
實踐大學建築設計學系副教授

最早認識曾郁雯是被邀請上她的廣播節目，當時只覺得她有點神祕，不太確定她到底是從事什麼工作？有什麼背景？後來才慢慢知道她是台大歷史系畢業的，她不只是廣播主持人，而且是珠寶設計師，也是旅遊作家，甚至是帶團的旅遊達人等等，每次多認識她一點，就讓人對她充滿驚奇與讚嘆！

其實她就像是個文藝復興人，具有「多才多藝」的特性，做為一個設計師，有著精準理性的計算與思考；卻因為有豐富的文化藝術底蘊，讓她的作品顯現出溫柔與感性。

因為與郁雯同鄉（我們有相同的心靈故鄉：京都），感覺十分親近與熟悉，她所認識的京都和我的京都還是有很多的不同，她的京都有很多歷史與文化的面向；我的京都則是偏重個人家族史與京都建築的考現學，不過也因為觀察角度的不同，我很喜歡讀她的京都文學，可以讓我認識這座城市更多不同的面貌與內涵。

《57＋1的鑽石人生：打磨出自己最好的樣子》這本書可說是曾郁雯自傳式的作品呈現，藉著每個珠寶設計作品，娓娓道出她人生種種的淬鍊與改變；讓冷冰冰的鑽石珠寶，因為她的人生故事，顯得有血有肉，充滿溫度！我常覺得她的人生，真的就像是一顆不斷琢磨的鑽石！擁有很多刻面，每個刻面都反射出絢爛的光芒，也代表著她人生奮鬥與堅持的美麗展現。

推薦文

透過珠寶述說的動聽故事

韓良憶
飲食旅遊作家
廣播主持人

聽聞曾郁雯大名很久了，認識她也好些年了，可是真正熟起來，還是近兩年的事。

我早知她是斜槓人的先驅，曾身兼珠寶設計師／作家／老師／廣播節目主持人等職，偶爾還要公開演講，這幾年更受邀為旅行社規劃深度人文旅行甚至帶團！

說真的，生性懶散又缺乏計畫如我，本來並不明白，舉手投足、端莊得體的郁雯怎麼有這麼驚人的能耐，扮演好每一個角色，其中還包括私領域的母親和妻子此二身分。從世俗觀點來看，她活脫脫是「人生勝利組」。這樣的人往往心高氣傲，然而她情商一流，待人親切有禮，面面俱到，實在難得。

可是，這也令我不解，她是怎麼辦到的，直到我看了《57＋1的鑽石人生》，這才了解她的一切成就全不是僥倖，且她的「勝利」，其實有不算小的一部分，來自於過往的挫敗。郁雯的人生並非一帆風順，一如你我，她在人生路上也跌過跤，吞過挫折和失敗的苦澀滋味，且還不只一次。凡此種種，乃至於成為優秀設計師的心法、對待客戶的正確態度，以及平日待人接物的道理，都寫進了這本書裡。

我領悟到，郁雯雖擁有天賦的美感和聰慧，但她截至目前為止所得到的讚譽和肯定，主要來自於她在挫折後得到的體悟、按部就班的務實性格，還有不認輸的韌性與努力。這些，讓她成為「珠寶詩人」，而我這個讀者就隨著這位多情的珠寶設計師／作家，從台北、京都走到巴黎，聽著她透過一件件珠寶作品和一篇篇文字，述說一個個動聽的故事。

自序
打磨出自己最好的樣子

57＋1剛好是我寫這本書的年紀，一個美好的偶然。

進入珠寶這個行業第三十年，驀然回首，已經分不清是偶然還是必然。

鑽石的化學成分百分之九九．九五是單一元素碳（C），形成於地表下一百二十公里至兩百公里之間的岩石層，經過數百萬年地層作用，週期性隨著火山爆發，最早從二十五億年前隨著金伯利岩（Kimberlite）攜至地表，最近一次已經是四千萬年前的事。

我時常在夜深人靜設計珠寶，每次看到一顆顆閃閃發光的鑽石，無論多小，都會想起它們歷經億萬年，穿山越嶺來到眼前的不易，萌起無限感激與愛憐。鉛筆心的石墨也是由純碳構成，石墨是在高溫低壓的環境下生成，要成為無堅不摧的金剛鑽一定得熬過高溫高壓的淬鍊。經過開採挖掘，數萬噸岩石與沙礫之中只能得到一克拉鑽石，一克拉有多重？〇・二公克而已，因為稀有，鑽石才會如此珍貴。從西元一世紀開始，鑽石便是歐洲王公貴族權力財富的象徵，文藝復興末期透過與印度貿易才普及到富商巨賈，直到今日更是廣受世人熱愛的寶石。

古羅馬人把鑽石原石當成護身符佩戴，現在又重新流行的復古式玫瑰車工（Rose Cut），從十六世紀開始流行到二十世紀，一顆原石從中間劈成兩半，底部是平面，上面有兩層二十四個三角形小光面，看起來很像玫瑰花蕾，為了保持重量，每片大小不一，也沒有標準的比例。我去威尼斯旅行的時候，在一家古董店買到幾個戒指，其中一只就是玫瑰車工鑽戒，曖曖內含光的老式切工散發含蓄古典的氣質，彷彿將昔日美好時刻永遠鎖在石頭裡。

一九一九年出身比利時切磨世家的馬塞爾・陶可斯基（Marcel Tolkowsky）首次根據光學原理計算出鑽石比例，陶可斯基的設計最先獲得美國切磨業者採用，被稱為美國理想式切磨，ＧＩＡ（Gemological Institute of America，美國寶石研究院）隨後將修改過的美國理想式切磨當成評判車工基準，也就是現在大家熟悉的圓形明亮式切割（Round Brilliant Cut）。

一顆小小的圓形明亮式切割鑽石有五十七個刻面，經過精密計算，每道進入鑽石的光線都能折射回去，只要比例完美對稱就能均勻展現亮光、火光及閃光，虜獲所有人的目光。我們的人生也像鑽石，從高溫高壓的淬鍊開始，經過割捨留下完美比例，再經過打磨才能發亮發光。

比起億萬年的鑽石，我的三十年如夢一場，一路走來的點點滴滴就像鑽石的五十七個刻面，每一則故事就像一個刻面，也許可以反射一些光芒，溫暖你，告訴你，不要害怕打磨，不論經歷何種考驗，都是幫助我們尋找方向的亮光。

有些鑽石的底部中央還有一個尖底刻面，並不是所有的完美車工都是五十七面，每個人都擁有不一樣的面貌，不一樣的完美，你可以保有最真實的一面，好好認識自己、愛惜自己，找出自己的憧憬，打磨出你自己最好的樣子。

Part 1

打磨與考驗

——珠寶設計師的從業之路

找到讓自己發亮的那道光

Face 1

找到專長及喜愛，
那種喜悅會激勵你一路往前，
成為更好的自己。

我最常被問到的問題就是為何大學主修歷史卻變成珠寶設計師？如果事先知道訪問提綱又有這題（通常都是第一題），甚至會請對方刪除。經過這麼多年，想問的人還是很多，表示這道考古題有其重要性。

一九九一年是我的人生分水嶺，結束長達四年訪談、錄音、寫作、連載的煎熬，終於出版《戲夢人生——李天祿回憶錄》（原名《尪仔人生》）完成人生第一本著作，這本由台灣布袋戲大師李天祿先生口述，我負責撰寫的回憶錄，至少和大學時代主修歷史有點關連。

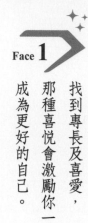

一九八七年初識李天祿先生，當時我是個新嫁娘，台大歷史系畢業後馬上步入禮堂，讓原本對我期望甚高的黃富三教授頗為失望，透過張炎憲教授推薦我到西田社布袋戲基金會擔任義工，被派到的第一件任務就是幫李天祿先生錄音，把劇本整理成文字。而今被大家暱稱阿公的李天祿先生已經在天上做仙，我非常感謝黃富三教授當初沒有放棄我，任我去做歷史系逃兵。

同樣是一九九一年，進入珠寶業卻完全是個意外。因為孩子的爸原本在非洲經商，去過一些寶石產地，對寶石買賣產生興趣，起初只是進出台北東區珠寶巷的店家嘗試裸石買賣，剛好看到店面頂讓，先斬後奏，一夜之間我就變成珠寶店老闆娘，那年我才二十九歲。

當時父親專程來台北，我們站在忠孝東路二一六巷等紅綠燈，看著人群一波一波如江水流過，老爸問我：「真的要在這裡開珠寶店嗎？」

選在最競爭的台北東區做生意，而且完全沒有經驗，他心中想必為這個不知天高地厚的女兒十分擔憂。當時的我年輕氣盛，相信人定勝天，只要努力就會成功，哪知前方迢迢，踏上一條不歸路。

開幕那天，阿公親自送來兩尊布袋戲戲偶與一本簽名的《戲夢人生》當賀禮，我一直把這對尪仔與書陳列在店面側邊櫥窗，紀念我如煙火般的寫作生涯。店都開了，只能認真扮演老闆娘的角色，從頭學起，自此走上人生另一條道路。

說起孩子的爸，我都稱他是台灣的馬可波羅先生，這位馬可波羅原本是貿易商，從台灣出口帽子、太陽眼鏡、衣服、鞋子等等貨物到西非，當地的黑人朋友才開始從頭到腳大變身。後來他發現雖然只是一顆小小的寶石，卻遠遠超過整個貨櫃的價值，開始把注意力轉移到珠寶。他還發現有個日本人一直在非洲各地收集「琉璃珠」，這些十四世紀生產於義大利威尼斯的珠子，是古典琉璃工藝的藝術品。在十六世紀到二十世紀，隨著航海船隻來到非洲，各種繁複的花紋、豔麗的顏色美到令人眼花繚亂，據說當時的歐洲人用這些珠子當成貨幣，用來換取非洲的黃金、象牙、奴隸。非洲的國王、部落酋長也用這種珠子換妻妾、奴隸、牛羊，所以這種琉璃珠又叫貿易珠（Trade Beads）或奴隸珠。其中有一種類似蜻蜓眼睛的圖案，被日本人特別命名為蜻蜓珠（Tonbo Beads）。

馬可波羅先生頓時覺得不能輸給日本人，回台灣賣房子讓手下的黑人朋友也搶著收購。當時台北建國玉市有幾個攤位已經開始買賣琉璃珠，我們每個週末都從新竹到台北去兩個地方「練眼力」，一個當然就是建國玉市，另一個地方是最時髦的「中興百貨」。當時的中興百貨在徐莉玲女士（現在的學學文創副董事長）帶領下，誕生一群非常傑出的服裝設計師，整個百貨公司的布置及氛圍都充滿創意，我們每週都抱著朝聖的心情去體驗。當時我只是好玩，開始買一些便宜的人造水晶珠當配件，試著穿琉璃珠珠串，偶爾戴去玉市，沒想到竟然有人跑到新竹家中，想買我穿的珠串，我都不敢說是「作品」，也因此開啟與與珠寶業的緣分。

開店之前因為馬可波羅真的對珠寶很感興趣，我們夫婦一起去龍潭跟著周經綸老師上「翡翠相玉學」，比起上課內容，當時的我更期待師母每次下課後親手做的緬甸美食，每道菜都好吃得不得了，一直到陰錯陽差開了珠寶店才算正式踏入這個領域。

從前的珠寶店基本上都是直接販賣台灣或香港工廠的成品，剛開始我也是從「跑大路」的業務手上，挑選現成的貨品，經過一段時間有位客人把她的舊珠寶拿來找我重新設計，我也不知哪來的勇氣，開始畫圖、找金工師傅討論細節，愛女心切的老爸又發話：「當初送你去跟梁丹丰老師學畫，沒想到現在卻是畫珠寶？」

事已至此就把高中時代學了兩年畫的基礎加以發揮，姑且試試，完工後，客人看到被我改造的作品，雙眼不斷閃出喜悅的光芒，彷彿照亮整個宇宙。就是那道光讓我看到未來的方向，「啊！原來我最想做的是珠寶設計。」發現這件事之後，如何開始已經不重要，重要的是找到專長及喜愛，那種喜悅會激勵你一路往前，成為更好的自己。

Face 2

尋找一條朝向幸福的路

不幸與幸福從來都不是兩條岔路，
人生只有一條路，朝向幸福，
不幸就被你遠遠拋在腦後。

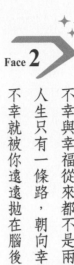

開在台北東區彈藥庫的珠寶店果然應驗老爸的預言，一直在風雨中飄搖，馬可波羅又開始把注意力轉移到其他領域。資金永遠不夠，每天陷入追三點半的噩夢，拖到三十七歲那年，我決定結束十二年的婚姻、八年的店面，一切重新開始。

離婚前後那幾年是我人生最痛苦的時候，離婚前珠寶店的生意時好時壞，馬可波羅又喜歡到處投資，三個女兒每個月的學費、課後安親班及保母費，總不能用戒指或珠寶換吧？珠寶店打烊後，我就去電視台或影視公司幫他們寫劇本或劇本大綱，劇本大綱很像寫短篇小說，我算是快手，只要和導演、編劇或製作人開一兩次會，大概一個禮拜後就可以交稿，而且通過電視台審核的機率很高，熬夜換來的幾萬塊錢稿酬常常用來解燃眉之急。以前的稿子都用手寫，幾天之內要寫幾萬字，再加上穿珠串、打中國結很費勁，我的右手因此落下病根，有時候痛到沒辦法拿筷子吃飯。

《天馬茶房》就是當時幫影視公司寫的第一版劇本，〈幸福進行曲〉是直接寫在劇本裡的歌詞，再由陳明章老師加入一段歌詞，譜曲，共同完成生平第一首歌詞創作。寫這首歌是為了鼓勵男、女主角要為愛堅持，也是鼓勵自己，不論環境如何惡劣，總有撥雲見日的一天。我非常慶幸當時沒有放棄自己，沒有放棄追求幸福的信念。至於馬可波羅先生，雖然深情不變，但我實在追不上他做夢的速度，就讓痛苦就此結束吧！

〈幸福進行曲〉的歌詞很美，聽說很多人把它當成結婚進行曲。

因為妳　冬雪已化作春天的溪水
因為妳　雁行千里鬥陣來相隨

咱的青春是一段唱未完的歌詩
咱的未來是寫佇日曆紙的愛妳

一個人一支吉他　抱著希望
阮來到親切的台北城
遇到妳是阮緣分　感謝上天對阮的安排

妳講　妳要唱一首歌　幸福進行曲
這是阮為妳寫的一首歌
日子隨風吹　一生只愛妳一個
春夏秋冬　阮沒妳怎樣過

《天馬茶房》後來由林正盛先生擔任導演，一九九九年〈幸福進行曲〉榮獲第三十六屆金馬獎最佳原創電影歌曲，《天馬茶房》也入圍最佳原著劇本。還記得那一年的金馬獎頒獎典禮結束後，人群逐漸散去，我站在國父紀念館飛簷下，握著沉甸甸的金馬獎獎座及女兒送給我的吉祥物小布偶，夜寒如水，兩行熱淚忍不住一直流，回想開店的懵懵懂懂，一路披荊斬棘的血淚交織，終於證明所有的努力沒有白費。當年誤打誤撞進入珠寶業，下定決心轉型為珠寶設計師，歷經考驗，初心猶在。人生列車一站一站向前奔馳，每段旅程都像窗外閃過的風景，過去就讓它過去。

不幸與幸福從來都不是兩條岔路，人生只有一條路，朝向幸福，不幸就被你遠遠拋在腦後。

先插柳才能看見柳成蔭

Face 3

凡走過必留下足跡，
也許不是立竿見影，
只要埋下種子，總有一天會開花結果。

偶然的機會認識 Tiffany 珠寶台灣區前總經理 A 女士，她是位古典美人，幾乎與德國肖像畫家溫德爾哈爾特（Franz Xaver Winterhalter）筆下，十九世紀俄國音樂家林姆斯基－柯沙可夫（Nikolai Rimsky-Korsakov）的夫人長得一模一樣。

閒聊中她說如果去台北東區二一六巷吃東西，會特別跑去一家小珠寶店看他們家的櫥窗，每次去都會看到不一樣的布置，充滿驚喜，可惜那家店已經換人經營，讓她少了一項樂趣。

我問她是不是從仁愛路倒數過來第幾家珠寶店，她回想之後說：「是。」聽到這個答案悲喜交加的我跟她說：「那是我從前開的店。」

那個時候會根據節日更換櫥窗主題，雖然費時費錢費事，依然樂此不疲，因為櫥窗代表一家店的靈魂，就算只是靜靜擺在那裡，看到的人也能感受這家店的風格與透過布置傳達的心意。

《第凡內早餐》這部電影的經典畫面就是奧黛麗．赫本站在紐約第五大道與第五十七街交叉口，手拿可頌麵包，喝著咖啡，專心看著 Tiffany 珠寶店櫥窗，充滿嚮往與陶醉的優雅身影，至今仍深深烙印在影迷心中。

Tiffany 很早就設有專門負責布置的櫥窗部，據說曾經出現為了參觀櫥窗大排長龍，人群綿延到附近中央公園的盛況。現在很多珠寶店或品牌也都設有櫥窗部，我在日本東京銀座看到 MIKIMOTO 旗艦店的櫥窗布置也是嘆為觀止。他們擅長用狹長型的箱型櫥窗，營造劇場的感覺，在小小的空間表現傳統節氣及四季風景變化，我常常為了觀看細節撞到玻璃。三宅一生的櫥窗表現也很厲害，衣服掛在彈性魚線上，衣服因重量會上上下下緩緩晃動，晃動之間依稀可見衣服的皺褶隨著韻律一開一闔，就像在跳舞，只要看過，一輩子都會記住那個畫面。

雖然珠寶店已經結束，能讓A女士記得我當初費心布置的櫥窗，心裡還是有點小小的驕傲。

別小看櫥窗的影響力，就像眼睛，可以看見彼此的靈魂。當初只想著如何把自己的心意傳遞出去，沒想到還有人心心念念那一小方天地。這個意外回饋的驚喜來自當初的無心插柳，但也要先插柳才有機會看到柳樹成蔭。凡走過必留下足跡，也許不是立竿見影，只要埋下種子，總有一天會開花結果。

Face 4

多聽多看多學

選擇就是審美觀的具體呈現，
所有的功夫都要用自己的眼睛「偷」看「偷」學。

不管店面或展覽攤位，客人如果被櫥窗吸引，只是成功的開始，接下來才是面對面的肉搏戰。

有些店家以量取勝，例如傳統銀樓滿坑滿谷的黃金項鍊、戒指、耳環、元寶、金條……，金光搶搶滾、瑞氣萬萬條，最適合嫁娶及餽贈親友。

有些店家走優雅路線，一個櫃子只放一件或一套作品，打上燈光或置於慢速旋轉台，猶如舞台效果。

相對的，客人也是千百種，有的為了特殊目的，如訂婚、結婚或送禮；有的只是閒逛，喜歡就買；也有蒐集狂，專門收藏特定品項。我有一位客人

C女士是跨國公司高階主管，喜歡蒐集各種裸石，她說半夜睡不著就打開珠寶盒靜靜欣賞五顏六色的寶石，一顆一顆仔細擦拭保養，片刻就能消除壓力。

因此只要是C女士手上沒有的寶石她就會買來收藏。其實我有很多男性客戶很喜歡寶石，珠寶也可以是男人最好的朋友。

所以要能滿足客戶的各種需求，店家的辦貨及扮貨能力就是主要關鍵。資金雄厚當然比較容易買貨、辦貨，卻不代表一定會成功。C女士的專業就是服裝採購，她說最厲害的採購除了要成功預測流行趨勢之外，最重要的是不能有太多庫存，就算有庫存也要想辦法在季末打掉，不能影響最後結算業績，才有真正的利潤。

珠寶也有流行趨勢，該如何辦貨？流行品項要占多少比例？每一季能否做出自己的特色？雖然珠寶不像服裝一季一季迅速汰換，如果珠寶本身品質很好，比起其他行業，保值性高，雖然比較不怕變成庫存，也要注意不能影響資金運作，必須兼具珠寶、理財專業之外還要有自己的美感與敏銳的趨勢預測。

「辨」對了貨，接下來還要會打「扮」貨品。

前面提到的櫥窗布置就是扮貨其中一項，一個懂得如何扮貨的人就像神奇的魔術師，可以把珠寶變得更迷人更漂亮。心情要像扮家家酒，假的都要當成真的，才能享受全心投入的快樂。

例如要展示一個南洋珠鑽石墜子，首先要選配粗細適中又能凸顯主題的K金鍊，如果主石比較樸實內斂就不適合搭配太閃亮的鍊子。接著要選擇適當的人檯Display，材質、顏色、高矮都要一起考慮。第三個步驟，為了讓墜子放在最好看的高度，必須從人檯後面調整高低，更要注意安全，避免鍊子滑落，傷到墜子，調整好之後還要走到前方，再次確認角度、位置。第四，如果鍊子扣頭上面有標籤，也要把標籤藏好，細心捲起之後，塞在人檯後面預留的縫隙內。第五，決定放在櫥窗及珠寶櫃的位子，同時調整與旁邊珠寶的關係，確認有沒有擋到其他作品？要不要再搭配成套的戒指或耳環？第六，調整燈光，燈光的角度如果不對會讓珠寶失色或暴露瑕疵，有些寶石如蛋白石不能被高溫直接照射，一不小心還會龜裂。最後還要確認是否方便拿取，絕對不能輕易被順手牽羊。

光是擺一個墜子至少就有七個步驟。

如果去外面參展，工程更浩大，每次都像在搬家，有些規模較大的公司也有專門負責搭建布置展覽攤位的工程部。

展覽的擺設布置又是完全不同的概念，如何在最短時間讓客人看到作品，願意停下腳步欣賞、採購，是一門很大的學問。除了作品本身要有特色之外，更要細心觀察客人反應，必要時可以主動徵詢他們的意見，因為每檔展覽、每個場域都有不同的「氣場」，要隨機應變。

參展時同行的朋友都笑我是「過動兒」，因為我會趁空檔一直調整珠寶的擺設或配置，找出展示作品的最佳狀況。有趣的是，通常都是展覽最後一天擺得最好看！

《將太的壽司》這本漫畫有很多小故事，將太的師傅不會直接教他功夫，只跟他說所有的功夫都要用自己的眼睛「偷」看「偷」學，辦貨與扮貨也是一樣，選擇就是審美觀的具體呈現，如何將平日的涵養融入不同空間，透過作品與人對話，不妨訓練自己多聽多看多學，就能把珠寶打扮得漂漂亮亮，嫁給心儀的對象。

要活得舒心，就要創造美好環境

Face 5

美無所不在，
可以自己創造，
更應該彼此分享。

成立工作室之初，好友賴姐把我推薦給當時任職蘇富比拍賣公司台灣區負責人胡瑞女士，胡瑞只看到「人間四月天」的宣傳DM就相約見面。還記得那日胡瑞帶著蘇富比香港珠寶部同事來工作室拜訪，幸好他們沒被寒傖的公寓一樓門面嚇到。當時我把租來的小公寓前半段隔成工作室，後半段當住家，住辦合一，既可節省租金，又能照顧年幼的女兒。公寓的地點非常好，交通方便，就在台北東區最熱鬧的忠孝東路四段、明曜百貨後面的巷子，但建築物本身十分老舊，常常嚇到第一次到訪的客人。

這個窘境通常等到客人步出狹窄電梯推開鐵門，看到陽台上繽紛的花朵及茂盛的綠色植栽，發出驚喜歡呼聲之後就解除。

我非常喜歡種花，即使只是一長條的鐵窗陽台，也要種得百花盛開。小時候家裡有花園、魚池，當時還沒有北二高，從三峽鳶山往下俯瞰，就會看到被綠樹、鮮花、竹林圍繞的舊家。

我從小跟著爺爺、老爸拈花惹草，樂此不疲。隨李天祿阿公去歐洲巡迴公演，跑了比利時、盧森堡、法國三個國家，不論城市、鄉村，家家戶戶都把陽台弄得十分美麗。去日本旅行更是震撼，哪怕只是玄關角落或門前一盆小花，完全與季節及周遭環境相互呼應，不必入內就可以看出那家人的品味。羅丹說：「美，到處都有，對於我們的眼睛，不是缺少美，而是缺少發現。」美無所不在，可以自己創造，更應該彼此分享。身為一個設計師也許對美的事物特別敏感，除非身在孤島，人與人一定會彼此影響，要活得舒心，就要創造美好的生活環境。哪怕只是租來的破舊老屋，也要整理得美美的。很多細節只要稍稍用心，不需太多花費也能營造不同氛圍。

當時為了節省空間，工作室的沙發背後直接用兩座大書架當隔間，書架沒有美背，就讓還是小學生，很愛畫畫的大女兒直接把書架背面的三合板當成畫布，畫上水果、靜物、花卉，充滿童趣的筆觸配上鵝黃色布沙發，既溫馨又漂亮。

那天我們就在三樓小工作室欣賞作品，一起度過愉快的下午，他們當場就邀請我參加蘇富比接下來的拍賣會。

千禧年剛剛開始，台灣珠寶市場一片欣欣向榮，買家開始在各大拍賣公司尋寶，設計師跨足台灣、香港、中國兩岸三地，非常活躍，持續大約十年的輝煌紀錄。

二〇〇一年是幸運年，我的作品同時獲得兩大國際拍賣公司青睞，入選蘇富比春拍、秋拍，佳士得秋拍，以及二〇〇二年蘇富比秋拍，經過整整十年的辛勤耕耘，總算站上國際舞台。

幸好故事沒有停在當初台北東區那個雜亂老舊的巷口，鐵窗也關不住那個繁花盛開的小陽台。

Face 6

要懂得避開致命的缺點

人的一生生命有限、能力有限，不如面對現實、承認錯誤、勇敢改正。

過去三十年的生涯我有兩次開店經驗，第一次因經驗不足，慘痛收場；第二次依經驗判斷，速速結束。

這兩家店都開在台北市東區，為了第一家店，大概賣掉馬可波羅老家三棟房子。珠寶這個行業是無底洞，如果控制不當，再多的資金都不夠。以一顆小小的五克拉頂級圓鑽為例，顏色是最白的D color、3EX完美車工、淨度無瑕FL級別，二〇二〇年七月的國際鑽石報價表（Rapaport Diamond Report）約台幣一千五百萬元。聽說曾經有家面臨倒閉的公司，後來靠董事長的母親拿出私房的六顆五克拉鑽石暫緩危機。

如果是「黃金有價玉無價」的翡翠，就更無法估算。二〇一七年佳士得秋拍編號二〇七三的翡翠珠串，種色俱佳，最後以六百多萬美金成交，折合台幣約一億八千萬元。

就算不做頂級商品，要經營一家珠寶店一定要有基本的貨源及客源，然後還要保持流量，沒有計畫及續航力很快就撐不下去。傳統銀樓或成功的珠寶店大概有幾種模式：

1. 祖傳事業，已經有貨源、客人。
2. 自己的店面，至少免去租金壓力，或開在好地段，有人潮或好鄰居。
3. 鑲工師傅娶珠寶店店員小姐，具備充足專業能力及銷售能力。
4. 加盟品牌，擁有龐大的廣告資源及組織戰鬥力。
5. 獨營一種寶石或金屬，集中火力，成一方之霸。
6. 明星、名人經營或掛名，用知名度吸引消費者。
7. 異業結盟或多角經營，例如與飯店、委託行、服飾店、婚紗公司等合作，減少開支、共享客源。

8. 針對特殊客群，例如準備結婚的新人、旅客。
9. 為了達到某種效果或目的，與教學中心、命理大師、健康諮詢合作。
10. 與拍賣公司或當鋪合作，創造流通路線。
11. 財力雄厚的金主或股東。

如果能符合以上一至兩個條件，至少具備基本的存活能力。

我的第一家店勉強符合第二個條件，開在「集市」的東區珠寶巷，但經驗不足，只好慘痛結束。從一九九九年開始我都是住家兼工作室，這種住辦合一最大的缺點，就是一天二十四小時幾乎都在上班，沒有回到家可以完全放鬆的感覺。整整撐了十三年，二〇一三年在安和路買到一間房子，附近剛好有間同行的店面要出租，從新家下樓，過一個紅綠燈就到，突然起心動念，畢竟又累積十幾年的經驗，為何不再試試看？這次是我自己下的決定，花了很多錢裝潢店面，一個融合日本大正古典及西洋現代風格、精緻優雅的珠寶店終於誕生，完成小小的夢想。

只是這個夢太短暫，二十個月就宣告結束，雖然經過時間歷練，多少增加一些經驗，但我生性疏懶，實在不適合開店。再冷靜看看上面十一個條件，第二家店的條件還是不符合，都怪我自己一時鬼迷心竅。

二〇一五年台灣出現一種非常詭異的氣氛，連蛋黃區的房價都開始慘跌，珠寶業是大環境最好的測溫計，大概可以預知半年至一年後，下一波的景氣，消費者如果對未來沒信心，最先停止或減少購買的就是奢侈品，一定要等到信心恢復，像水庫水位回復八成以上，最後才會考慮購買奢侈品。

我判斷整個局勢短期內很難扭轉，決定把貸款沉重的房子脫售並結束店面，只要回想從前那段追三點半生不如死的日子，即使損失慘重，也要割捨。長痛不如短痛，面子不是問題，心態比較重要，渾沌之中，要靜下心來好好沉澱，優點可以盡情發揮，更要懂得避開致命的缺點。

人的一生生命有限、能力有限，不如面對現實、承認錯誤、勇敢改正。

台語有句俗諺：「田螺含水過冬。」意思是即使身處逆境也要學習忍耐，等待時機，終會度過寒冬，迎來春天。

突破萬難，勇敢追夢

Face 7

有夢想還得有機會，有機會沒夢想也無法造就，
因緣具足才能水到渠成。
慶幸自己夠勇敢，能夠突破萬難、勇敢追夢。

告別整整生活二十五年的台北東區，搬到有山有水的內湖，開始體驗另外一種不同的環境氛圍。

如果不出國，就在家裡種花或順著大湖公園附近散步，內湖四周出乎意料的潮濕不適合皮質名牌包，慢慢換成輕便後背包。很少化妝，不必穿高跟鞋，平日就是白襯衫、牛仔褲、休閒鞋。出國穿不怕皺、不怕壓，還能遮掩肥肉的姊妹品牌三宅一生、PP、ME。沒有四處林立的餐廳，更多機會在家開伙。

看似輕鬆，要好好經營工作室也不是一件容易的事情，不能天天在家「坐以待幣」，需要主動出擊，又恢復到處辦展、參加活動的工作模式。雖然早在二〇〇三年「人間四月天」系列就在上海辦過展，但我不適應當時的展覽文化，沒有繼續參加大型聯展。到了二〇一〇年的「光影紀行」系列才正式開始在兩岸三地巡迴參展，二〇一三年至二〇一九年幾乎變成了空中飛人，文章開頭有如閒雲野鶴的日子都是夾在兩趟旅行之間，偷偷擠出來的神仙時光。

總部位於香港的雲頂有限公司，業務涵蓋全球休閒、娛樂、旅遊、酒店，大家最熟悉的應該是吉隆坡的雲頂世界、麗星郵輪、挪威郵輪三個品牌。二〇一一年香港雲頂在台灣舉辦一連串的藝術與文化活動，第一場贊助「台灣百年慶典活動」，邀請畫家于彭在信義誠品舉辦「于彭個展：遺民　移民逸民」畫展，整個會場布置及活動內容皆跳脫傳統框架，川流不息的參觀人潮，讓于彭因這場「雲頂香港二〇一一藝文饗宴．台灣」被更多人看見。我非常羨慕有人願意為于彭大哥籌辦這麼精采的展覽，鼓起勇氣跟于彭大哥說出我的夢想，也許雲頂也願意贊助一場珠寶展。

經由于彭及L女士穿針引線，認識當時的雲頂團隊，二〇一三年剛好是香港雲頂二十週年，他們認為我熱愛旅行、珠寶及詩文創作，完全符合雲頂追求心靈與旅程極致完美融合的理念，同意將藝文贊助延伸至詩文與珠寶工藝，共同舉辦這場雙喜饗宴，以旗下的麗星郵輪為靈感，打造一趟滿載華麗航向幸福的旅程，誕生「雲頂香港二〇一三藝文饗宴．台灣——曾郁雯珠寶詩文個展『璀璨詩韻』」。

結識雲頂團隊靈魂人物T夫婦及L女士後，我的生命地圖也隨著他們的家族擴大到香港、馬來西亞、澳門、印度、北京、上海、廣州、南京。尤其是在北京認識的R女士，她的熱情、誠懇、勤奮，加上絕佳的審美觀，幫助我在北京闖出另一番天地。

這麼多年過去，可愛的于彭大哥已經離開人世，香港雲頂也換了團隊，人事全非。

于彭為我畫了一幅〈月神〉，一筆一畫都是相知相惜，如兄如父的疼惜鼓勵，他深知藝術創作者必須面對現實生活的種種艱難，不求報答，大方舉薦，我非常感激他的牽成。

有夢想還得有機會，有機會沒夢想也無法造就，因緣具足才能水到渠成。很慶幸自己夠幸運，能夠遇到千載難逢的機會；也慶幸自己夠勇敢，能夠突破萬難、勇敢追夢。

海上生明月，天涯共此時，我永遠忘不了當年曾經在郵輪上共度中秋，于彭撫琴高歌，熱淚奔流的夜晚……

斜槓是成就人生的養分

Face 8

每個人都是經過生活的涵養、時間的打磨

才會變成現在的樣子，

絕對不是一朝一夕或只靠一種養分就足夠。

根據維基百科記載，斜槓（Slash）族指的是彈性就業人士，興起於二十世紀末期至二十一世紀初期的趨勢，年輕人不再滿足於專一職業的工作模式，選擇多重職業及身分的生活，同時擔任兩份或以上的專業工作，或在某種行業得到相當成就時轉往另一行業發展。

雖然現在很流行，我卻是一不小心被斜槓的人生。

有一次接受訪問，工作人員準備題綱時發現我身兼多職，好奇問我到底同時做幾份工作？為此才認真算了一下，最高紀錄大概是五份，珠寶設計、寫作、演講、當老師教閱讀與寫作、主持電視節目與廣播節目。後來又增加兩項，偶爾幫朋友插花布置會場，以及受邀為旅行社規劃深度旅行行程、陪同帶團。

其實大家對我的斜槓人生都抱持太多浪漫幻想。

離婚的時候雖然馬可波羅把店裡的珠寶都給我，還是有好幾百萬的債務及三個稚齡女兒要撫養。當時老大小學三年級，老二、老三分別上幼稚園大班、小班，幼稚園的學費實在負擔太重，只能先讓老大、老二上學，老三在家「自學」。老三從小沉穩寡言，無聊的時候自己背著小書包、騎著三輪小腳踏車，哼著歌在家裡到處轉來轉去，假裝自己也在上學。

有一天老二很不開心的回家，說她不要上幼稚園了，老三聽到興奮的踩著腳踏車到老二跟前說：「小姊姊，那明天你留在在家裡，換我去上學！」

從那個時候開始我就拚盡全力，至少要讓孩子開開心心上學，哪怕只是一篇短短的專欄，積少成多也不無小補。我沒有想要賺很多錢，只有兩個目標，就是不要負債以及把三個女兒教養成人。當時非常幸運認識五姐、五姐夫，我與他們素昧平生，認識之後他們夫婦把我當成妹妹一樣疼愛，教我如何處理金錢減輕債務。二〇〇〇年推出「人間四月天」系列，二〇〇一年作品入選蘇富比、佳士得之後，我開始一點一點還債，把債務全部清償那天哭了一整晚，覺得對女兒很是愧疚，質疑自己為什麼要讓她們跟著我這個工作狂媽媽過這麼辛苦的單親生活？但是當初如果沒有痛下決心，可能早就被現實生活溺死。人生沒有完美的決定，有得必有失，與其悔恨，不如奮起。

主持廣播、電視節目都是毫無經驗的狀況下被邀請或臨時助陣，雖然耗損很多時間，對我還是很有幫助。

二〇〇四年六月，我開始在寶島新聲廣播電台主持十四個月的節目《幸福進行曲》，週一至週五，每天中午十二點到下午兩點，現場播出。

雖然每次出新書就會上廣播「打書」，當主持人跟來賓完全是兩回事，必須準備很多資料，有沒有做足功課，來賓、聽眾馬上就知道。我第一次進錄音室那天間緊張到完全看不懂 Rundown，眼前一片空白，也不知道自己胡言亂語些什麼？一直到第三天，實在不想再被年輕的美妹製作人罵笨蛋，心一橫，管他誰在聽，老娘拚了！說也奇怪，剎那間 Rundown 上面的字突然一個字一個字清清楚楚浮現眼前，這段畢生難忘的經驗，告訴我千萬別小看自己的潛能，不要害怕嘗試，更不要害怕失敗，所有的不可能都會變成可能。

我一直覺得養成教育是一件很重要的事情，每個人都是經過生活的涵養、時間的打磨才會變成現在的樣子，絕對不是一朝一夕或只靠一種養分就足夠，尤其是那些已經可以把自己型塑成某種「典型」的人，除了專業之外，在他們身上一定還有很多可以學習的地方。

我們都被很多想法制約，想想古人，琴棋書畫、詩詞歌賦，都是生活的一環；反觀現代人只要提到理科生，好像就與文學、藝術絕緣，實在可惜。

李清志教授在序文中提到的「文藝復興人」，最具代表性的就是達文西，他一個人跨了十幾個專業領域，博學通才，留下無數創作，影響至深。

光線與顏色是寶石學研究項目之一，所謂的顏色其實只是存活在我們的意識當中，我們看到的白光，穿過三稜鏡之後，因不同波長會散發成光譜，最短波是紫色，長波的序列是靛、藍、綠、黃、橙、紅，也就是大家熟悉的彩虹色。多彩多姿的生活都是一種養成，斜槓都只是一個小標，認真過生活才是主題。

熱情來自不忘初心

Face 9

人活著需要信念，信念來自堅持，
堅持來自熱情，熱情來自初心，不忘初心，
你就會找到自己最喜歡的樣子，過真正想過的生活。

二〇一九年四月十六日，台北時間凌晨零點三十分，熾熱火舌竄上法國巴黎聖母院屋頂，尖塔在頻頻拭淚的圍觀民眾眼前倒塌，那一刻，透過網路傳到全世界，看到的人也跟著心碎。

這座八百五十年歷史的哥德式建築，挺過法國大革命、兩次世界大戰的浩劫，卻因擴大維修意外發生火災，大火順著鷹架一發不可收拾，巴黎消防隊整整花了十五個小時才把火勢完全撲滅。那個輾轉反側、痛不能寐的夜晚，心想「能不能為聖母院做點什麼事呢？」思來想去，誕生了「巴黎系列」，決定用珠寶作品把記憶中的聖母院尖塔永遠保留下來。

我在設計「巴黎系列」時，全身每個細胞都燃起欲罷不能的創作欲望，對於一個藝術家而言，再也沒有比創作更幸福的事情，整個過程都是挑戰、都是激勵、都是自我完成。

這個系列的每件作品都花費很長的製作時間，一直到二〇二〇年還在持續創作，我覺得自己的設計生涯又邁向另一個階段，決定要把餘生致力於藝術原創與美學傳播，賦予每件作品獨一無二的生命，不管時代潮流如何淘洗，作品的靈魂都會存在。藝術之所以不朽是因為透過作品能讓不同時空的生命產生交集，彼此共鳴，撫慰人心。

我將最新的「巴黎系列」搭配「平安花語」、「彩蝶飛」、「朧月夜」還有「經典回顧」等系列，與采泥藝術合作，於二〇二〇年十一月舉行十日展，同時發布《57＋1的鑽石人生》這本書，當成入行三十週年的紀念。

這個展以及這本書都希望大家能用一種嶄新的態度看待珠寶，看待自己，做一個誠實、勇敢、自信的人。回顧三十年的珠寶生涯，恍若隔世。過去這三十年台灣珠寶業變化很大，歲月如梭，第一站停靠在西門町傳統金飾銀樓，兼換黑市美金。第二站轉到東區頂好市場、忠孝東路四段的珠寶巷，本土獨立設計師隨著香港鑲工師傅的進駐開始崛起。第三站是世界名牌橫掃全球，尤其中國崛起，以一種完全無法控制的速度迅速成長，全球珠寶市場開始向中國傾斜。第四站因中國政府打奢，嚴重打擊珠寶業，類似度過高、抄襲仿冒的商品陷入過度生產的困境，業界開始痛定思痛，重新盤整，奢侈品的消費越來越兩極化，大品牌併購後團隊越來越大，小型珠寶店經不起房租、人事開支的壓力，倒閉、轉行者比比皆是。第五站，有自信、有品味的收藏家開始把目光轉移到獨立設計師身上，這些人不崇尚品牌，不喜歡一眼被認出來的 Logo，喜歡能夠展現自我風格及品味的物件，結交志同道合、互相欣賞的設計師。感謝老天爺，熬了整整三十年，終於熬到設計師的一片天。

三十年的時間足夠讓一株嫩芽長成一棵大樹，風風雨雨，慶幸自己還在這裡，對珠寶的熱情依然不減。雖然已經不是二十幾歲的新嫁娘或整天追三點半的商人婦，「兩岸猿聲啼不住，輕舟已過萬重山」。人生初老，心境已經開始悄悄轉變，把故事變成珠寶，珠寶又變回故事，往事已成回憶，塞納河畔的流水依然悠悠，靜靜坐在河畔看人、看風景也很好。

人活著需要信念，信念來自堅持，堅持來自熱情，熱情來自初心，不忘初心，你就會找到自己最喜歡的樣子，過真正想過的生活。

Part 2

善意的良性循環

——待人處事之道

留下良好的第一印象

Face 10

如果我們喜歡越多的人，
就會有越多的人喜歡你，
這是一種充滿善意的良性循環。

如何待人接物，如何應對進退，是一門很深的學問，很多事情我們以為天註定，其實從第一印象開始，就已經悄悄發生化學變化。

曾經在《經理人》〈第一印象很重要！弄懂真正的關鍵，別把力氣用錯地方〉文章讀到：所謂第一印象（First Impression），是指初次見面的人，在短短幾分鐘內，從外表、臉部表情、態度、談話、聲調等語言或非語言訊息，所形成的印象。

每個人都只有一次第一印象，第一次就搞砸，得費更多的時間、心力才有第二次、第三次機會，如果對方真的不給第二次機會，一輩子都沒有機會。

國際形象顧問協會（AICI）山川碧子認為，初見面的人四分五秒就能決定一個人的第一印象；哈佛大學的研究則認為人與人見面的第一印象兩秒鐘就已經形成。

多麼可貴的第一印象。

我開店的時候有對D夫婦三不五時常常來店裡坐坐，他們是虔誠的佛教徒，店裡凡是跟宗教有關的東西，只要他們喜歡就會結緣收藏。後來他們搬離東區，D太太回來看我，提起他們第一次經過，看到我對他們微笑，之後只要下班路過，就想進來喝杯茶、聊聊天、看看東西，忘掉白天在公司的疲憊及煩惱。

我想或許是因為一個微笑，建立起我們的友誼，但我總覺得不管認不認識、熟不熟悉，即使只是一起等紅綠燈的路人，點個頭、給個微笑，都是很基本、很自然的事情，何樂不為？

珠寶店為了安全起見，大門常常會上電子鎖，透過玻璃窗或監視器由店家決定是否從裡面解鎖開門。我雖然很不喜歡這種拒人千里之外的做法，礙於安全考量，還是不敢不上鎖，幸好鎖只能關門，關不住微笑。

千萬不要小看微笑的力量，兩秒鐘，一個微笑就勝過千言萬語。

眼神也是很重要的一件事情。

說話的時候一定要看著對方的眼睛，如果連這麼基本的事情都做不到，會被質疑態度高傲，沒有誠意。萬一碰到自尊心特別強的客人，很容易引起爭端，千萬不要「無視」或「輕視」客人。

東區珠寶店附近都是當時的豪宅，我常常告誡店員小姐不可以大小眼，來者是客，都要好生招待。有些太太煮飯煮到一半發現缺了某樣食材，穿著拖鞋直奔二一六巷菜市場，回家時一隻手拿著蔥，一隻手拿著剛剛看中的珠寶，在那個年代是很稀鬆平常的事情。

要留下良好的第一印象，服裝儀容也很重要。珠寶從業人員經常要擔任模特兒試戴作品給客人看，除了基本得體的裝扮，更要注意不能披頭散髮，不能有頭皮屑，指甲不能藏汙納垢。相反的，有時候工作人員要幫客人試戴珠寶，常常會近身接觸，要注意自己身上的氣味或避免太濃的香水，儘量不要穿著令人不愉快的服飾，最好穿著制服。

我們喜歡對自己有好感的人，最簡單的方法就是先喜歡別人，給對方留下良好的第一印象。如果我們喜歡越多的人，就會有越多的人喜歡你，這是一種充滿善意的良性循環。

Face 11 利他就是利己

要為他人的福利著想，是無條件、不預期任何回報的行為。

經營店面的時候我會訓練店員在客人走進店裡十五分鐘至半小時內，一定要找出最適合他們的商品；包括為別人選禮物，因為傳遞心意也是送禮者品味的展現。

如何在短短半小時達成任務？方法是先親切打招呼問候，然後認真傾聽，初步對談中有些客人會主動表示目的，有些喜歡自己看，不喜歡被詢問的感覺，如果聽到或感覺到客人的意思只是隨意看看（Just take a look）就知道暫時不要打擾客人，要等客人自己開口提出要求再說。

不論哪種狀況，工作人員接著就要靠自己的眼睛尋找答案，仔細觀察。

觀察客人的過程不能帶入自己的喜好或評價，這是我非常堅持的原則，也就是不能只看表面，要細心觀察客人的「氣質」，每個人都有獨一無二的氣質，我們的任務就是要找出與客人氣質相對應的作品。例如穿喀什米爾羊毛針織衫的客人，可能比較適合珍珠、光面有色寶石、白玉、翡翠，因為雙方有一個共同氣質就是「典雅溫潤」。

也可以觀察客人的手型，如果她是天生麗質，十指修長均勻，不必挑款式，怎麼戴都好看，不妨試試造型突出亮眼的戒指，讓她留下深刻印象。如果客人的手指是短而豐腴的「甜不辣」型，千萬不要讓她試戴圓形大顆主石或寬版戒指，要找出線條交錯型的戒指，藉拉長的視覺效果修飾客人手型。

如果客人要買禮物，墜子是首選項目，可以避免修改手寸的問題（婚戒例外，應該都會想辦法知道手寸大小）；耳環則需確認是否有耳洞的問題，所以送墜子或鍊子比較保險。

一個好的銷售人員應該設身處地為客戶著想，不是一味推銷自己想賣的商品。我的經驗是如果事先沒有考慮周全，後續還是會有問題，客人還是會再找上門要求處理。

利他主義（Altruism），也可譯為利他行為，意思是要為他人的福利著想，是無條件、不預期任何回報的行為。雖然不求回報，最後還是會得到很多回饋，無形中也可避開無謂的惡因惡果。

有些客人覺得買回家的珠寶好像越看越不好看，不像當初在珠寶店那麼漂亮。很可能就是買到不適合自己的珠寶，因為珠寶店燈光美、氣氛佳，又有店員在旁邊讚美鼓吹，這種「情緒性購物」會在潛意識埋下種子，客人一旦察覺，就是差不多要分手的時候。想想有多少情侶、夫妻能冷靜分手？好聚好散？利他就是利己，還是多為對方想想，廣結善緣，路才會越走越寬廣。

Face 12

有自由的靈魂，才有完美的作品

一件成功的作品代表設計師得到很大的發揮空間，是一種值得感恩的美好相遇。

我的工作主要還是以接受私人定製為主。私人定製珠寶的成功與否，取決於專業能力及彼此的信任，有時候還需要一點點緣分。

私人定製珠寶的程序大致是設計師先和客戶充分溝通討論，了解客戶的特質及需求，包括偏愛或忌諱，是否有預算或時間上的限制（例如生日或結婚週年紀念日）、計算工期；然後開始畫圖、估價、請客人預付訂金、製作、交件，每一個環節都不能出錯。整個過程必須花費很長的時間，彼此都要有足夠的信心與耐心。

即使如此還是會發生一直討論還是沒有共識，或無法如期完成作品，例如一時之間找不到最適合或客人指定的配石，到底要不要等待？最糟糕的就是交件後客人不滿意的悲劇，變數甚多。

有些設計師不接受私人定製也是這個原因，他們寧可專注自己的創作，定期或不定期辦展覽，客人看到作品如果喜歡就收藏，也是一種選擇。

這麼多年下來，我有兩個心得。

第一：客人越信任設計師，願意放手讓設計師充分發揮，做出來的作品越容易成功。設計師若一直礙於客人要求的款式、預算、成本、時間等等限制，一定沒辦法達到百分之百的效果，最後影響作品的完整性。

將近二十年前就有一位至今仍未謀面的客人，透過朋友引薦，把珠寶送到我的工作室，不插手任何事情，全部交由我處理，那段時間我真的絞盡腦汁為她設計出好幾件得意作品。這些年越來越多這種「不聞不問」的客人，他們欣賞我、尊敬我，理解珠寶設計背後蘊藏的價值沒辦法用金錢換算，設計師的創意無價，養成教育無價，透過珠寶設計傳達的情感或紀念意義無價。

第二：盡人事，聽天命。

如果已經盡力，凡事皆有緣分，客戶、珠寶、設計師之間的緣深緣淺、緣起緣滅不必強求。

我也曾痛苦到差點半夜撞牆，因為幫客人畫了半年的圖，最後她傳來訊息說：「曾老師，還是第一張圖最好看！」

當然是第一張圖最好看，設計師是不會隨隨便便畫設計圖的。第一張圖通常都是設計師心目中最完美的狀態；就像我們為墜子搭配的K金鍊，也是精心挑選過的，除非長度不適合。有些客人偏偏不信，換來換去最後發現還是第一條最好看。

設計師如果沒有自由的靈魂，作品就會被捆綁，一件成功的作品代表設計師得到很大的發揮空間，是一種值得感恩的美好相遇。

最好不如剛好

Face 13

最好的不一定最適合，
不如採取中庸之道的剛剛好。

小說裡常常描寫老奶奶只要「火眼金睛」一掃，馬上就知道發生什麼事情，看似容易的輕輕一掃背後不知累積多少寶貴的人生經驗。

曾經有位客人E小姐想收藏她人生第一顆一克拉鑽石，朋友介紹她到我的工作室，我馬上與各鑽石供應商聯繫，經過細心比對，最後推薦E小姐一顆頂級裸鑽。若以美國寶石研究院GIA的4C鑽石分級系統來看這顆圓形裸鑽，它的成色（Color）是最高的D color，透明無色（Colorless）。淨度（Clarity）也是最高級的FL（Flawless）完美無瑕，透過手持十倍放大鏡，這顆鑽石無論內部或外部都找不到任何瑕疵。當時的風氣比較重視上面兩個C，還不那麼講究車工或稱切磨（Cut），我記得這顆裸鑽至少也是三個VG（Very Good）或三個G（Good），也就是說不論切磨比例（Proportions）或修飾完工（Polish），都在好（Good）這個等級以上，才能在車工最後的評語拿到第三個VG或G。

至於第四個C克拉（Carat），指的是鑽石的重量，重量也是有學問的，例如不要買剛好〇．五克拉或一克拉，要多保留一點空間，以免萬一磨損或重磨變成〇．四九克拉或〇．九九克拉，一不小心就掉到下一個計價範圍，有些人為了節省總價故意買〇．五克拉或一克拉，反而不是最好的選擇。基於上述的專業考慮，層層把關之後選出來的鑽石幾乎無懈可擊，客人拿到之後也非常開心，但E小姐卻從此銷聲匿跡，不再出現。

後來輾轉打聽到E的朋友認為這個裸鑽買得太貴，影響E的觀感。

這件事情經過深切反省之後，結論是我忽略了當時E小姐才剛剛開始買珠寶的這個因素，我應該給彼此多留點空間，不必一下子就推薦這麼頂級的裸鑽，即使是最好的條件不一定適合當時的E，如果時光倒流，除了重量克拉維持不變，其他三個C我可能會調整成以下這個組合：

1. 顏色：F color，因為D、E、F都在透明無色這一組，鑲在白色K金檯上不顯黃。

2. 淨度：VVS～VS（Very Very Slightly Included至Very Slightly Included）極輕微的內含物至輕微內含物，肉眼看不見瑕疵的範圍皆可接受。

3. 車工3EX（Excellent）極好，重新提高車工的重要性，近幾年的車工經由各種精密計算及技術不斷進化，越完美的車工越能展現鑽石璀璨光彩，是鑽石的靈魂，也是選擇要件。

因為隨時都可以看到國際鑽石報價表，鑽石的價格幾乎完全透明，利潤有限，證書上看起來差異不大，卻是差之毫釐，失之千里，數據、文字、對象、心態、時機也很重要。若採用現在的計畫，E小姐當初可能只需不到一半的價格就能擁有一顆很不錯的鑽石，也能讓她對我及收藏珠寶更有信心，不至於中斷這條路。最好的不一定最適合，不如採取中庸之道的剛剛好。

值得安慰的是，E小姐那顆裸鑽因為條件優良，一定會增值，希望她能夠明白我當初傻傻的一片心意，也算是對她的一種補償。

人脈，從交朋友開始

Face 14

我們就像欣賞一幅一幅畫作，
在過程中不斷撞擊出各種靈感，
有一種惺惺相惜的感覺。

對設計師而言，供應商是非常重要的命脈，如果資金不夠充裕，更需要供應商的支持。至於合作模式就看彼此的交情及信任程度，有些供應商甚至願意先提供寶石給設計師，幫助設計師參展、比賽或參加拍賣會，等作品銷售後再結算，遇到這種供應商就像遇到貴人，是設計師的福氣。

「人間四月天」系列讓我打開知名度，也引起一些寶石供應商的注意，其中有位H先生，手上有很多有色寶石（Color Stone），尤其是彩色剛玉家族（Corundum），看到那些五彩繽紛的寶石，就像一座百花盛開的花園，我們都熱愛寶石，從此變成好朋友，有了H先生的挹注，我的作品也像百花盛開。

H先生特別喜歡剛玉家族的紅、藍寶，我常常在他那裡看到非常漂亮的紅、藍寶，當時無燒（指完全天然，沒有經過優化熱處理去除雜質、增加火光或增色）又不夠漂亮的紅、藍寶根本沒人愛。在我們眼中無燒的紅、藍寶，即使顏色淡淡的，沒有閃爍的光芒，卻有另外一種內斂含蓄的美，能與同好一起欣賞這些散發自然氣息的寶石，真是快樂無比。

還有一位珠寶通Y先生，個頭雖小，每次出現都拉著大大的行李箱，裡面裝滿各式各樣的寶石，從價值連城到幾百塊錢的小石頭都有，我也很喜歡和他一起研究各種寶石，有一種尋寶的樂趣。有時候為了達到設計效果，常常需要搭配一些特殊配石，我就會聯絡Y先生，拜託他尋找材料，他會從台灣、香港、日本、泰國、印度，找到歐洲、美國，幾乎使命必達。

曾經有位客人在我這裡定製一個丹泉石（Tanzanite，音譯為坦桑石）墜子，想再配一對耳環，一直配不到。丹泉石是一種很奇妙的寶石，具有強烈的多向性，藍中帶紫，有時候還會閃出桃紅色，這種寶石除非出自同一塊原石，即使同一塊原石，若車工的角度不同，也會閃出不同的顏色及火光，這個艱巨的任務也是Y先生天涯海角到處尋找，最後才在瑞士巴塞爾珠寶展的展場找到。

還有一些寶石供應商是外國人，他們到台灣的時候都希望來我的工作室見個面。來自澳洲的U先生是蛋白石（Opal）專家，他知道我非常喜歡蛋白石，早期的礫背蛋白（Boulder Opal）比較便宜，一片一片計價，現在已經水漲船高，也用克拉計價。我特別懷念當初U先生手上很多很多又便宜又特殊的礫背蛋白石，我們就像欣賞一幅一幅畫作，在過程中不斷撞擊出各種靈感，如果我買下其中的裸石，U先生隔段時間再來台灣，會特別前來欣賞設計成品，有一種惺惺相惜的感覺。

E先生則是來自德國的供應商，他的強項是寶石的切磨，這也是德國人引以為傲的工藝，我常常被他們精密的工藝和創新的車工嚇到，每次都覺得這些寶石在他們手上又重新活了一次，即使不是所謂的貴重寶石，也能散發獨特的氣質。

有一顆七七．七七克拉的海水藍寶就是當時和E先生第一次成交的裸石，他非常意外，沒想到我會挑那顆裸石，因為從背面看這顆海水藍寶好像都是一道一道的「裂痕」，E先生說這顆寶石沒有人敢買，即使寶石的顏色美到像海水那樣清澈湛藍。我卻不這麼想，那些所謂一道一道的裂痕，從正面看就像一道一道的海浪，美得不得了。我用小鑽鑲成一群小魚，環繞在寶石周圍，那些海浪變得神祕幽遠，深不可測。

E先生和U先生一樣也很愛看他們的寶石最後被我鑲成什麼模樣，當他再次看到這件「藍色情挑」時，一臉滿足的微笑，就像海浪一樣盪漾，非常可愛。

一定要和你的供應商當好朋友，好東西才會與你分享。

Part 3

打造美麗人生

——生活美學觀

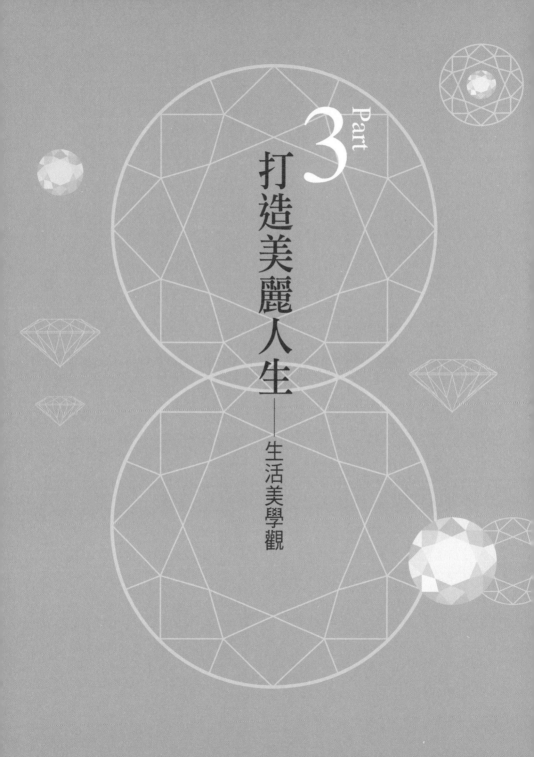

Face 15 練習丟掉過重的包袱

不要為過去懊惱，不要在乎別人的眼光，
練習把包袱丟掉，
真的可以再輕鬆一點。

五年前的深夜，一陣劇痛讓我幾乎昏厥，三個女兒一個負責開車，另外兩個一左一右架著痛哭流涕的我趕往醫院急診。當時我真的就像一尊泥雕木塑的老佛爺，背部一定要保持直挺，不能有一點點角度，走路也只能一小步一小步緩緩移動。檢查之後發現從頸椎到腰椎、尾椎都有骨刺，只要骨刺壓迫到神經就痛不欲生。

從此我被迫改掉數十年睡前躺在床上看書的習慣，把床邊的書籍、檯燈通通移走。

之前因為單親媽媽的日子忙碌無比，身上永遠背著哆啦A夢百寶袋，要什麼有什麼，因為長骨刺，沉重的「媽媽包」只好換成輕便的後背包、高跟鞋換成平底鞋。

除了持續修練二十幾年的氣功，開始認真接受推拿，最重要的是逼自己要休息。

過度勞累的身體已經在抗議，尤其是不斷的出差、旅行，輾轉在不同機場、候機室等待、起飛、降落再等待、起飛、降落的日子多得嚇人，身體告訴我，不能再這樣下去。

幸好手機可以搞定很多事情，但一旦被快速發達的網路綁架，時間壓縮得更緊，幾秒鐘「已讀不回」就好像整個地球停止轉動，我的心還是沒有好好休息。

長骨刺之後又開始迎接更大的挑戰，因為更年期引起的睡眠障礙及肥胖障礙，一覺醒來好像全世界都在跟你作對，怎麼睡都睡不著，怎麼減還是胖。每天只想宅在家，哪裡都不想去，很怕見到朋友，尤其是很久沒見的老朋友，當他們看到身材「走鐘」的我，臉上那種驚訝的表情，雖是關心，對我卻是重重的二度傷害，很難承受。

怎麼辦呢？我問自己。

我在《聰明女人背小包》這本書找到答案。

作者橫田真由子女士原本任職GUGGI，負責知名人士及VIP的服務，因為銷售成績耀眼三年就升為店長，這些豐富的職場經驗讓她成為日本女性職業諮詢師。橫田真由子在《聰明女人背小包》書中說：

「大包裡塞滿的是操心和義務感。」

「那些太過努力的女性，大多背著大包。」

咦！說的不就是我嗎？

「『小包』等於『你有限的人生』，裡面能裝入的東西只有一點點。一個人不可能背負所有的東西，因此，要慎重考慮帶什麼。」

那麼，究竟要帶什麼呢？

「為了認清自己『真正需要的東西，真正想做的事』，希望你可以試一下背小包。」

我的人生大部分都是為別人而活，永遠擔心沒有把別人照顧好。

大女兒推薦我讀唐朝柳宗元寫的〈蝜蝂傳〉：

蝜蝂者，善負小蟲也。行遇物，輒持取，卬其首負之。背愈重，雖困劇不止也。其背甚澀，物積因不散，卒躓仆不能起。人或憐之，為去其負。苟能行，又持取如故。又好上高，極其力不已，至墜地死。

原來我就是把自己累死的蝜蝂，既然女兒已經長大，我真的不需要整天為她們操心。人生苦短，生命可貴，不要為過去懊惱，不要在乎別人的眼光，練習把包袱丟掉，真的可以再輕鬆一點。

活出自己的典型

Face 16

在這個眾聲喧譁的世界，
與其人云亦云，不如活出自己的典型。

小時候讀到「典型」這個詞，十分困惑，沒辦法弄懂這個抽象概念，直到遇見畫家梁丹丰老師。

高二那年才決定要考美術系，想來真是十分瘋狂；不料歷史重演，同樣劇情三十年後捲土重來，二女兒 **Eileen** 也做出同樣決定，為人父母只能照單全收。

當時老爸帶我去梁丹丰老師的畫室拜師，除了最基礎的素描，還有三個考試科目：水彩、國畫、書法。

一整年的週末我都穿著景美女中制服黃襯衫趕到畫室上課，只記得當時還有一個長得像洋娃娃的漂亮女生，穿著北一女綠色制服在裡面的教室學國畫，幾年之後我們才在台大女生宿舍相認，那個大眼美女就是梁旅珠。

當時已有專門針對美術系加強術科的補習班，自小叛逆的我偏偏不要，寧可從景美轉好幾次車去永和上課，再轉好幾次車回三峽，就是因為梁丹丰老師。

如果旅珠是太陽般耀眼的獅子座女王，梁老師就是如沐春風的月光仙子。

上課的時候都會看到梁老師笑盈盈穿梭在教室指導學生，她的身材高䠷、穠纖合度，即使穿著樸素的布衣旗袍也非常美麗。說起話來不疾不徐，畫畫的時候眼神卻是無比堅定。

完全沒有基礎的我，要挑戰一路過關斬將的美術班學生，實在有點異想天開，尤其是炭筆素描，光是站著畫畫的體力就是很大的挑戰。梁老師的大女兒梁銘毅當時已經在畫室當助理，也是我景美女中的學姐，她們母女如果發現我累了，有時候會悄悄把我帶到畫室裡面的廚房，坐在桌邊剝橘子給我吃，看我恢復得差不多，再讓我回畫室繼續奮鬥。

梁老師總是用一種關愛的眼神看顧學生，有一次她說：「郁雯啊！你這麼瘦，難怪畫出來的小鳥也這麼瘦。」然後拿出空白宣紙教我怎樣畫出圓潤飽滿的弧度，讓畫中小鳥更有真實感。

想起這段往事，恨不得馬上回到那個擺滿畫具狹長窄小的教室，挨在老師身邊提筆畫畫。

這麼多年以來，梁老師總是默默的出國、出書、辦畫展，所謂的默默就是一如往常的低調。在她身上我看到一種溫柔謙遜卻無比堅韌的典型。

杜甫有一首〈春夜喜雨〉：

好雨知時節，當春乃發生。
隨風潛入夜，潤物細無聲。
野徑雲俱黑，江船火獨明。
曉看紅濕處，花重錦官城。

梁老師就像春夜無聲無息的細雨，滋潤我們這些學子。

在這個眾聲喧譁的世界，與其人云亦云，不如活出自己的典型，微雨細細，滋潤萬物，雖然默默無聲，花開的時候就知道春天來了。

儀式之必要，認真對待一件事

Face 17

儀式之必要，
證明你是個心中有愛，
願意接受挑戰，而且具備行動力的人。

《西雅圖夜未眠》是一部值得一看再看的電影。描寫小男孩喬納不忍爸爸山姆一直沉溺在喪偶的痛苦，打電話到廣播電台說自己的新年願望是能為爸爸找一位妻子的故事。山姆在節目中回想妻子生前的點點滴滴，最難忘的就是妻子喜歡過各種節日，每次都會依不同的節日布置家裡……，這個節目剛好被正在開車的女主角安妮聽到，深深打動她，開始他們的故事。

這段劇情也深深打動我，因為我也是生長在一個很愛過節的家庭，從年頭到年尾一個節日接著一個，大的節日不說，連七夕都很慎重，因為老媽說七夕拜「七娘媽」會保佑未出嫁的女兒得到好姻緣。為了打扮七娘媽，要準備鏡子、白粉、圓仔花、雞冠花，一點都不馬虎。因為七夕的供品很特別，至今仍印象深刻。

認真對待事情就會產生儀式感，整個過程會讓人暫時從日常生活的慣性抽離，提升質量。

我和大弟弟差一歲，巧的是農曆生日同月同日同時，當然都是一起過生日，每年的儀式就是兩個小壽星穿上新衣服，全家到動物園、兒童樂園玩一整天，也包括爺爺奶奶喔！為了這一天，生日前一兩個月就要開始準備，我家老媽比我還完美主義，每個細節都不放過，到了那天一家八口浩浩蕩蕩出門，玩到筋疲力竭才回家，都是一年一次不能缺少的大工程。

家就是這樣一點一滴建立起來，潛移默化，培養美感、習慣，建立我們的人生觀、價值觀。

如果有機會我也建議大家多多參加一些祭典，感受不同的文化風情，不必拘泥宗教信仰，用一種欣賞的角度學習觀摩，投入熱情，敞開胸懷讓自己也燃燒一下，改變熟悉的節奏，會有煥然一新的感覺。

儀式之必要也不一定是大張旗鼓，只要稍稍轉念，改變心態，就會發現生活大不同。

例如把路邊攤買回來的食物從免洗餐具換到漂亮的碗盤，放一段音樂，鋪上桌布，配上筷子、湯匙，再好好用餐。即使一個人吃飯也不無聊，桌上的碗盤也許讓你想起某一次的旅行、某一個人、某一首歌。自己動手沖咖啡、泡茶、削水果，同樣也是花點心思配一下杯盤，小日子也可以過得很滋潤。

儀式前的準備工作會讓你更關心相關的人事物，過程中的投入與專注可以暫時忘卻身邊的煩惱，得到放鬆與解脫，如果意猶未盡，也可以變成固定模式，讓生活充滿更多期待與樂趣。

儀式之必要，證明你是個心中有愛，願意接受挑戰，而且具備行動力的人。

Face 18 留點距離才有美感

留點距離總是好的，
代表對彼此的尊重，多一點想像空間，
朋友之間、家人之間、夫妻之間也是如此。

一九八八年我第一次去巴黎，剛好與老爸的好友H伯伯同行，在台灣曾經被H幫助過的一對兄弟移民巴黎經商有成，為了報恩，招待H在巴黎四處遊玩，我們跟著沾光。既然到了巴黎，當然要去紅磨坊看上空秀，他們兄弟倆還特別買了最靠近舞台的桌位，誠意十足。

那群歌舞女郎個個身材曼妙，排成一排跳康康舞的時候，側面看去一整排堅挺的胸部峰峰相連、整齊劃一，可惜我們坐得太近，一不小心就看到舞孃破了洞的絲襪，時不時還會飛來她們用力踏著地板揚起的灰塵，那一刻，真心覺得還是坐遠一點比較好。

近幾年因為寫了幾本京都的書，受旅行社之邀，為他們企劃行程，經常與團員一起旅行，我堅持不管與朋友或客人至少要保持「不住在同一個房間」的距離。

因為跟我住在一起的人一定很痛苦，我習慣把隔天行程及導覽內容全部確認一遍才敢入睡，第二天為了早起可能會有起床氣，所以只能和領隊同房，以免打擾團員。

這些年我經常出差，有些朋友熱情邀約我去住她們家，有一次住進香港飛鵝山別墅，整棟屋子美得像雜誌照片，每天晚上一到睡覺時間，屋子外面就會悄悄落下鐵窗，以防盜匪或搶匪侵入，那個畫面恐怖得像電影情節；再加上我晚睡的習慣，深怕打擾主人作息，後來都一一婉拒，只要吃飯、交通問題能夠解決，晚上還是住旅館，不必整天叨擾對方，彼此都輕鬆。

因為距離，彼此才會有空間，一旦沒有距離，美感就會跟著消失。

我的再婚對象是文壇前輩，代號「昭和大叔」，出生於二次世界大戰之後的「團塊世代」、無法接受寬鬆世代、喜歡漫畫《島耕作》的頑固老先生。

一九九〇年我寫的《戲夢人生——李天祿回憶錄》就是在昭和大叔主編的《自立早報》副刊連載，相識至今三十載，我們從文友、戀人變成夫妻，也是一段奇妙的姻緣。朋友戲稱我們是文壇「神雕俠侶」，對於兩個都是創作的瘋子而言，保持距離以策安全是不二法則，所以我們結婚不同居，相敬如賓，把關係保持在戀人狀態。

京都賞楓名所東福寺一到秋天，旅客如織，一波一波的人潮從早到晚幾乎不曾間斷，就是拜「洗玉澗」、「通天橋」、「偃月橋」之賜。進入東福寺會經過連結本堂與開山堂，架設於洗玉澗的通天橋，以及通往龍吟庵的偃月橋，站在這兩座木橋居高臨下可以欣賞下方的溪谷，這種順著地勢形成的園景，不論站在哪個位置，因為距離、高度就會產生不同視角，可以看到各種錯落有致的風景，拍出來的照片更是五彩繽紛、變化萬千。

日本人認為川流與橋梁就像淨化俗世的關界，留點距離總是好的，代表對彼此的尊重，多一點想像空間，朋友之間、家人之間、夫妻之間也是如此。

在旅行中思考人生意義

Face 19

旅途中所見所聞都是過去的自己
與當下的自己彼此的對話；
只有你會聽到心底這些喃喃私語，
在滿足與不足之間找到平衡點。

當了很久的空中飛人，已經忘記何時開始，旅行已經變成生活的一部分。起初是利用出國參展的空檔，邊工作邊玩。舊曆年假期女兒照例回新竹陪馬可波羅爸爸，我就早早安排好出國旅行。

仔細算了一下，才發現竟然二十一年沒和三個女兒一起過年，除夕前若不是我看著她們三姊妹拖著行李箱的背影，就是她們看著我去機場的背影。雖然不捨，但那幾天的假期是一整年唯一幾天屬於自己的日子，分外可貴，無形中啟動我的旅行人生。

旅行與珠寶的結合從二〇〇四年個展「帶你去旅行」系列揭開序幕，當時還是傻瓜相機的時代，旅行中我不愛拍照，更不喜歡入鏡。但頑石設計程湘如大姐就是有辦法將我少得可憐的照片搭配珠寶、文字，做成一本令人愛不釋手的桌上年曆。十二個月份搭配十二件珠寶、十二首詩文，放在桌上，隨時帶你去旅行。

那些美麗的回憶包括義大利廣場噴泉、隱藏在巷弄間的小餐館、水果攤、麵包店，雖然只是當地人尋常生活的小角落，就像陽光、空氣、水，不必特別強調他們的存在，卻孕育出獨特的美感。

威尼斯著名的貢多拉小船，船頭彎曲捲起的特殊造型，也被我設計成一只橄欖石戒指「追憶威尼斯」，四個邊角就是貢多拉小船翹起來的船頭，我故意把鑽石底部尖角朝外倒置，完美包裹在彎曲的船頭裡面。

拜訪塞納河畔的巴黎友人老家，跟著他走進搖搖晃晃的古董電梯，透明電梯升降時還會發出哐啷哐啷怪聲，彷彿鐘樓怪人或吸血鬼隨時會飛到眼前，雖然有點恐怖，四周鏤空的黑色鑄鐵，繁複的雕花圖案，優雅神祕，美到令人迷惑。

號稱「百塔之都」的布拉格，一生至少要去過一次，在那裡可以看到歐洲不同時期、不同風格的建築，每個街角、廣場都美到目不暇給。二〇〇五年抵達時剛好遇到情人節，靄靄冬雪，紅色櫥窗倒映水晶燈瀲灩流影，夢般魅惑，如逝水，如喚不回的年華。

心的抵達就是新的發現，發現美麗的景象，發現自己與這個世界的關連，信手拈來都是創作元素，點點滴滴，日積月累，拍下來是照片，寫出來是文章，做出來是作品，留下來是永遠難忘的回憶。

如果你問我什麼是旅行的意義？我覺得就是讓自己的心找到回家的路。再長再遠的旅行都會結束，旅途中所見所聞都是過去的自己與當下的自己彼此的對話；只有你會聽到心底這些喃喃私語，在滿足與不足之間找到平衡點，旅行結束，你會更懂得如何安頓身心。

不是標準答案也沒有關係

Face 20

如果只是一直為別人的標準而活，
你可以勇敢去除這個選項，
不是標準答案也沒關係。

在某些演講或簽書會之後，有些讀者很想跟我說說話，大部分都是問旅行或寫作的事情，但偶爾會出現表情凝重，只要輕輕一問，眼淚就啪啦啪啦掉下來的讀者。

這些朋友可能曾經在我的書中得到些許安慰，想來看看作者，他們都很害羞，很壓抑，很想求救。這個時候我會跟他們說：「沒關係的，你已經很棒了！謝謝你今天特別來看我。」

願意出門參加活動，對某些人而言已經很不容易，我自己也當過宅女，現在住的地方是樓中樓，那段宅在家的日子，光從樓上走到樓下洗個碗的力氣都沒有，全部的家務只能丟給 Part-time 的阿姨，幸好阿姨已經跟我二十幾年，知道我的狀況，不會計較。千萬不要僅憑眼見，就輕易評斷別人的行為。

我覺得我們這個世代大部分的壓力都是來自「標準答案」。從小讀書考試一定要一百分，少一分打一下，我算很少被打的學生，記憶中最痛的不是有彈性的藤條，而是從椅子拆下來又厚又硬的木條，打下去真是痛徹心扉。一直到現在我都不知道那些成績很差，每天手都被打爛的同學，日子是怎麼熬過來的？

還有一種體罰最沒人性，就是考輸隔壁班，導師覺得沒面子，叫全班同學雙手舉著椅子跪在走廊，宣示下次考試一定要復仇雪恥的決心。

就這樣一路為了成績、為了考試，我們被標準答案制約。

女兒念小學的時候，有一題國語被打錯，她很困惑，問我為什麼不能寫「冷冷的藍色」？只能寫「天空的藍色」或「海洋的藍色」？我跟女兒說：「哇！沒想到你的答案這麼棒！」

雖然不喜歡女兒的想像被限制，我更不喜歡製造老師與學生之間的矛盾，又不是敵人，何必非要彼此殲滅？

後來我開始在家裡教「閱讀與寫作」，打分數的時候常常給學生加分，有時候學生會拿到他們生平第一次的兩百分，一雙雙眼睛閃耀著喜悅的光芒，那種肯定與鼓勵至少讓他們不再害怕寫作。

為何不能多給孩子一些誇獎與肯定呢？同樣的，為何不能多給身邊的人一些誇獎與肯定呢？最重要的，為何不能多給自己一些誇獎與肯定呢？

我們所謂的堅強到底是為了什麼？如果只是為了得到別人的誇獎與肯定，那肯定很累。所有的標準答案都是為了考試，不是讀書，考試只是一張卷子，讀書是一輩子；考試的時候標準答案可能只有一個，讀書卻能讓我們看到很多多不同的問題及答案。人的一生那麼長，想讀什麼書愛過什麼生活應該由你自己決定。

面對困難或挑戰需要勇氣與信心，當然也需要堅強，但太痛苦就不是堅強而是勉強。應該先問問自己所求為何？你可以學習求助，不需要一味壓抑自己，一直為別人的標準而活，你可以勇敢去除這個選項，不是標準答案也沒關係。

Face 21 心有餘裕就會舉止優雅

餘裕這兩個字代表「我可以」，比如時間、金錢或心境。

谷崎潤一郎的小說《細雪》描寫蒔岡四姊妹每年春天一起賞花的情景：

星期六下午出發，在南禪寺的瓢亭早一點吃晚飯，欣賞每年不可或缺的京都舞蹈之後，回程欣賞祇園夜櫻，那一晚在屋麩町的旅館過夜，第二天從嵯峨野到嵐山，在中之島路旁小茶屋附近打開帶來的便當，下午再回到市內，欣賞平安神宮神苑的櫻花。……她們經常把平安神宮放在行程最後一天，因為神苑的櫻花是全京都市內最美、最好看。……她們選擇春天天快黑最讓人惋惜的黃昏時段，拖著經歷半天旅程有點疲累的腳步，在神苑的花下徘徊。站在池旁、橋頭……每一棵櫻花下嘆息，表現出無限憐愛之情……到第二年春天來臨之前，一整年無論什麼時候閉上眼睛，那些花的顏色，枝葉的形狀歷歷如繪。

這條路線現在被稱為京都「貴族賞櫻」路線，不管改編成電影或電視劇，每一幕都是經典畫面。當時蒔岡家已經家道中落，四姊妹依然維持一年一次的賞櫻，她們三月就開始準備賞花的和服及配件，用一種優雅的心情面對殘酷的現實。

優雅來自餘裕，心有餘裕天地寬，「餘裕」一直是我嚮往的境界，如同「能閒必非等閒人」一樣高超。

餘裕這兩個字代表「我可以」，比如時間、金錢或心境。

因為馬可波羅的關係，我曾經在南非住過一小段時間，當時已經是「日薪」制，我先強調以下說的不是種族歧視，而是事實。因為工廠聘請的黑人員工只要領到薪水隔天就不來上班，工廠只好停擺，弄到最後不得不輪班發日薪，拿到薪水的人把錢花光，頂多一兩天就會乖乖回來上班。對這種三十年前就已經存在的日光族（一天就把錢花光光的族群）而言，錢是非常緊迫的，一天就不夠用；相對於有存款的人，錢存得越多，花得越輕鬆，因為心裡有譜，知道還有多少錢可以用，這個可以自由操控的空間就是餘裕。

除了時間、金錢之外，懂得好好享受生活也是一種餘裕。

我們一直被教育要認真奮發，不能好逸惡勞，不能浪費，不能享受，在我看來這種極端的功利主義才是最大的浪費。

蒔岡四姊妹的櫻花也是全日本人的櫻花，藉由文學、詩歌、戲劇、歌曲，櫻花已經不僅僅是櫻花。古詩中經常出現與大自然關連的詠物詩，反而與現代人有距離，因為現代人的生活被太多物質限制，心靈被捆綁，不敢大聲說出我就是要好好享受生活，享受生活不是一種罪過，不懂得欣賞生命中的美好事物才是浪費，這無關收入、身分、職別、年齡、性別。花開一瞬，美景當前，能夠躬逢盛會，就是人間至福。不要害怕追求美好的事物，能力所及就不是奢侈浪費。

心有餘裕就會舉止優雅，表示他正在享受當下，珍惜眼前的人事物，這是一種修為，自信而豁達。

成為一流的鑑賞家

Face 22

接觸一流的人事物，
磨練出一流的品味，
讓你自己成為一流的鑑賞家。

我很喜歡聽楊子葆先生說故事，他是法國國立橋梁與道路學院（ENPC，École Nationale des Ponts et Chaussées）工程博士，曾經擔任台灣駐法國代表處代表，現任駐愛爾蘭代表。出版好幾本與捷運、大眾運輸系統以及葡萄酒文化的書。他說法國有一項制度，四歲以上的小朋友入學後，學校會在每年不同季節選幾個禮拜做味覺週，例如小朋友可能會在秋分週的中午，吃到三十種不同的梨子。小朋友除了嘗試各種不同味道，透過解說明白這些不同的滋味來自各地水質、土壤、氣候的差別，就是最好的鄉土教育。而且這些食材是由米其林星級廚師到校料理，是政府規定主廚必須要做的社會服務。這個政策不只是為了讓孩子享受美食（當然不是大餐，是為小朋友特別設計的餐點），因為料理本身，蘊含著許多文化的滋味，希望透過不同主廚的解說及烹調技術，讓小朋友親身體驗。這些嚐過一星甚至三星廚師料理手法的小朋友，從小就學會分辨什麼是「很好吃」，什麼是「更好吃」，法國號稱文化大國，其來有自。

梁旅珠在她的《頂級鐵道之旅》說：「我相信一個人總要嚐過極致之味，才真正具備了品鑑高下的能力。」如果我們沒有辦法馬上達到極致，平日就要磨練自己具備分辨好東西的能力，成為一流的鑑賞家。

這種感知能力需要培養，也是對自己的投資，最後會變成回報。把你的夢想還有對美好生活的嚮往，通通當成一種鼓勵與期待，因為它們會變成促進你勇往向前的力量，接觸一流的人事物，磨練出一流的品味，讓你自己成為一流的鑑賞家。

將美麗變成一種力量

Face 23

二十一世紀是將「美麗」變成「美力」的新世紀，當美麗變成一種力量，人們更樂於展現自我。

美麗的珠寶作品原本就不該鎖進暗無天日的保險箱或躲在抽屜，應該跟隨主人的心情、場合，充分發揮功能與樂趣，與生活融和。

如何讓珠寶首飾發揮畫龍點睛的效果，是一門學問，有些人天生具備非凡的美感及敏銳度，有些要加強後天學習與訓練，只要花點心思，就能得到很大的成就感。

過去珠寶大都扮演配角，用來突顯服裝，不妨開始逆向思考，讓珠寶成為主角。

如果需要出席重要場合，可以先選好珠寶，用服裝烘托珠寶，尤其是獨特稀有的珠寶，將攫取更多目光。以這些年受邀國際影展走紅地毯的明星為例，媒體報導的焦點，明星佩戴的珠寶已經勝過服裝。

不管春夏秋冬流行什麼服裝，一季接著一季，只有經典會留下來。什麼是經典？最能突顯自己風格的才是經典，珠寶就是既可佩戴又可以收藏，更能傳家的經典，這個時候的珠寶，就是最佳主角。

現在越來越多場合都會要求針對主題的 Dress Code，如果收到需要 Dress Code 的邀請函，建議配合出席，一方面表示對主人或主辦方的尊重，一方面也讓自己更有參與感。

參加有 Dress Code 的宴會要提早準備，並將自己的創意充分發揮。如果縮小範圍在服裝及珠寶，我的建議是選擇自己的強項，如果服裝是強項，珠寶就變成配角；如果剛好有一套符合 Dress Code 的珠寶，那就要讓珠寶成為主角，只要突顯一個重點，就會變成眾人豔羨的對象。大件珠寶當成視覺重點當然耀眼，但大件珠寶畢竟所費不貲，不妨先和珠寶設計師商量，做幾件能拆裝組合的多用途珠寶，大場面就能華麗登場，平時則善用局部單件小品，是最聰明的打算。

二十一世紀是將「美麗」變成「美力」的新世紀，當美麗變成一種力量，人們更樂於展現自我。被譽為「時尚界重量級仲裁者」的提姆．岡恩（Tim Gunn）在他的《風格一身》（*A Guide to Quality, Taste & Style*）說：「**質感、品味與風格，是我處理大多數事務時的重要原則。**」提姆的概念是要由內而外，從美麗進化到魅力。

關於魅力，楊子葆代表說過一個法國女人的故事一直讓我念念不忘。他在巴黎攻讀博士時，學校有位高齡六十的行政人員，包括他自己在內，凡來到這位奶奶級的女神面前，沒有一位男士不被她迷得團團轉，根據楊子葆形容，有些人被電到雙頰發紅，甚至語無倫次……真想見見這位法國奶奶，體會一下法國女人的魅力。

從現在開始我也要逆向思考一下，再過幾年也當一個迷死人不償命的高齡奶奶。

勇敢保有最真實的一面

Face 24

一定要勇敢保有最真實的一面，
創造別人無法取代，獨一無二的價值。

宮崎駿製作的《神隱少女》，是日本史上截至目前為止票房最高的電影。故事描寫女主角千尋幫助白龍想起他的名字，為了拯救白龍，獨自前往錢婆婆那裡拿回魔女印章，在白龍接她回去的路上也想起自己的名字，最終找到返回現實世界的方法。

這部電影是以宮崎駿友人奧田誠治的十歲女兒「千晶」當成範本，奧田誠治曾在暑假帶著千晶前往宮崎駿岳父於長野縣搭建的山上小屋遊玩。宮崎駿想藉這部電影向千晶那樣年齡的女孩傳達「沒問題，妳絕對做得來！」的訊息。

宮崎駿並不想將千尋繪製成特別美麗或醜陋的少女，希望她是一個透過人生歷練，型塑出完全屬於自己的角色。

我們都是千尋，都會在某個時空忘記自己的名字，有時在愛情裡迷失，有時被人背叛，有時婚姻破裂，有時家人不睦，有時事業不順，有時身體欠安，有時人緣不佳，有時財運不濟……求不得苦，得而復失更苦，我們就是在千千萬萬次劫難中不斷尋覓自己的千尋。

即使如此，還是要鼓勵自己沒有放棄追尋。

一顆億萬年才成型的鑽石，不管內部有多少瑕疵，只要經由標準車工，找出最理想的比例、角度，凝聚更多光線，讓反射及折射趨於完美，就能打磨出最漂亮的鑽石。

要創造自己的價值就像打磨一顆完美鑽石，需要克服很多挑戰。

要磨出一顆完美的一克拉鑽石，需用到三克拉的原石，所以百分之七十的鑽石都達不到完美車工，最主要的原因就是捨不得耗損原料。要先捨才有得，再接受嚴厲打磨，才能變成美如星辰的鑽石。

並不是所有完美車工的鑽石都是五十七個切面，有些鑽石底部中央還有一個尖底刻面，如果你跟別的鑽石不一樣，擁有第五十八個切面，一定要勇敢保有最真實的一面，創造別人無法取代，獨一無二的價值。

這個價值就是自信，神隱少女千尋最後能夠通過湯婆婆的考驗，就是她堅信「不是」就勇敢回答「不是」，人只能靠自己擺脫命運的羈絆，找到未來的出路。

找回自己，你需要自信的那一面。

巴布．狄倫（Bob Dylan）告訴樂迷，即使任性，也要勇於反抗，要堅定理想，要經常思考，失去一切，或許才是自由真正的開始，當我們擁有自由的靈魂，這世界就會越來越美好。

如果能成為一顆人見人愛的鑽石，成為一個能夠幫助別人，被需要的人，也是一種至高無上的價值。

Part 4

郁雯流的精神——珠寶設計心法

學習永遠不嫌多不嫌晚

Face 25

把面子問題通通丟掉，
將自己變回一張白紙，
從此獲得重生。

很多人問我設計師需要讀寶石學嗎？

二〇〇〇年辦完「人間四月天」系列個展，覺得自己如果想要更上一層樓，一定要再進修。當時台灣的珠寶相關科系很少，我也沒有太多時間重返校園，就鎖定美國寶石學院ＧＩＡ，咬緊牙根也要拿到研究寶石學家ＧＧ（Graduate Gemologist），這個被國際認可的專業證照，下定決心花半年時間去ＧＩＡ台灣分校讀書。當時大家都覺得我是不是瘋了？除了學費昂貴，全日班、週一至週五每天都是整天課，意思是可能連續六個月都沒有進帳，而且GIA的考試非常嚴格，每週週考，不能遲到、缺席，很多人根本熬不到最後的大考就被淘汰。

我應該是班主任之外年紀最大的學生，連老師都比我年輕，大家都尊稱我一聲「郁雯姐」。雖然從小就喜歡讀書，不怕考試（數學除外），但GIA完全不是想像中的樣子，尤其前兩個月的鑽石文憑課程，剛開始的測驗每次都是全班最後一名，對小時候曾經是學霸的我完全不管用，每次看到分數都羞愧得無地自容。掙扎了兩個禮拜，就在信心快被擊垮之際，告訴自己絕對不能再這樣繼續下去，一定是哪裡有問題？最後我在班上其他十四位同學年輕的臉龐找到答案，他們都像純潔的白紙，老師教什麼答案就寫什麼；而我因為已經累積一些經驗，寫答案的時候，就想著這個顏色、淨度是不是應該比平時打嚴格一點？瞻前顧後、左思右想，答案反而不理想。想通了，就將這些亂七八糟的想法和莫名其妙的面子問題通通丟掉，把自己也變回一張白紙，從此獲得重生。

要拿到GG研究寶石學家的身分，必須上兩個月的鑽石文憑課程，及四個月的有色寶石課程（沒有一定的先後順序，可依據學校排定的課程和自己的時間規劃來安排）。鑽石課程最後的大考是每人隨機抽五顆鑽石，馬上打出一份鑑定報告，以一百分為滿分，平均不能低於七十五分。

有色寶石更嚴格，四個月內必須先完成將近兩千顆寶石的鑑定，大考當天每人隨機抽二十顆裸石，每顆裸石都要進行約十項的檢測，最終答案必須百分百正確才算通過，每人有五次考試機會；鑽石、有色寶石兩種考試都通過才能拿到GG。

經過六個月的苦讀、考試，最後宣布成績那一刻，同學、老師全抱在一起又哭又笑，這種經驗，只有同樣受過痛苦煎熬的GG才能感同身受。

回想這段經歷還是覺得驚險萬分，我曾經一大早來不及刷牙、洗臉，趕在上課前做生意，因為當天是客人老婆的生日，一定要買到珠寶當禮物。上課期間每天只有午餐時間可以稍做休息，週末也不敢出去玩，整天就是讀書，進到教室就是看石頭、考試，完全不敢鬆懈。

在GIA教室第一次透過高倍顯微鏡看到寶石內部天然排列成序的生長紋，彷彿宇宙縮影。原來，這個世界在我們看不見的地方，有無數的小宇宙各自在軌道上默默運轉，我們只是滄海一粟，何其幸運與之共存，剎那間體

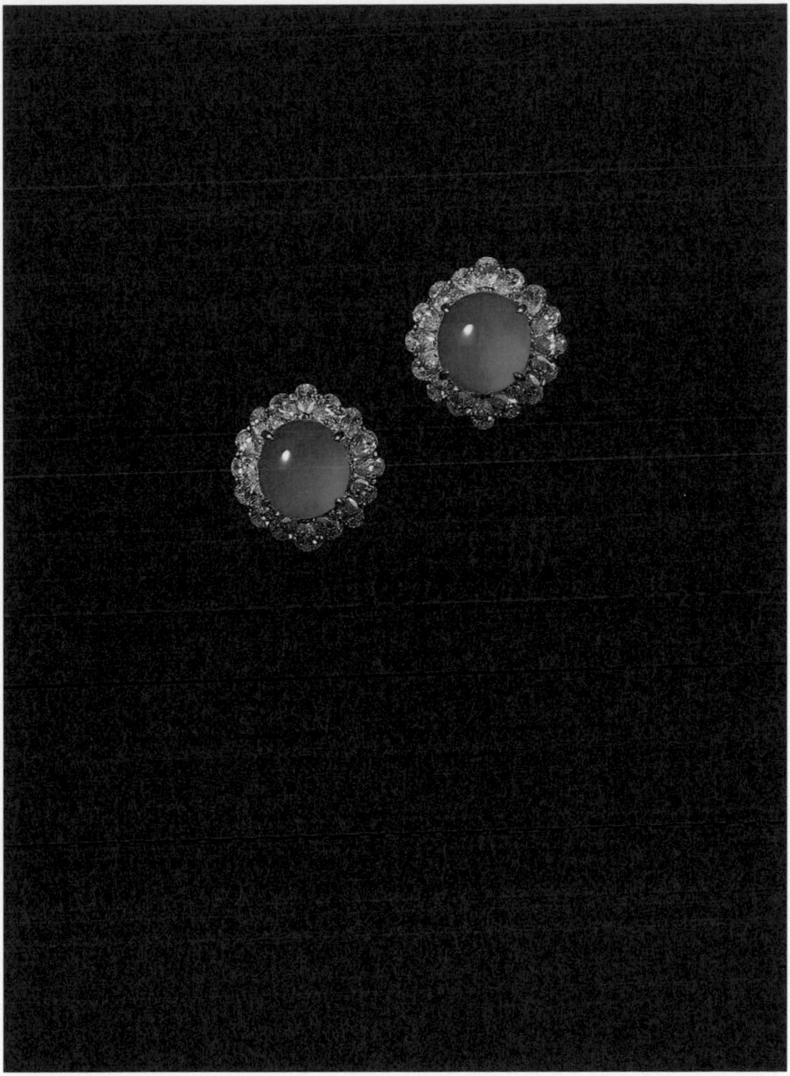

「晶瑩」，翡翠鑽石耳環。

會天人合一的境界，感動到熱淚盈眶。

寶石學讓我了解各種寶石特性，格物致知，設計珠寶更加得心應手，學習永遠不嫌多不嫌晚，當學生的日子很充實很快樂。

現在可以回答設計師是否需要讀寶石學這個問題，如果可以的話，我還是鼓勵大家儘量把握機會進修。當初有位同行覺得我不應浪費時間每天待在學校上課，建議和她一起讀函授班；然而，從二〇〇〇年年底至今，她連函授班都還沒有報名。

Face 26 大膽創造引領風騷的題材

如何運用材料是設計師一定要扎扎實實練好的基本功，可以尋找自己的最愛，可以跟隨流行趨勢，甚至大膽創造引領風騷的題材。

西元前兩萬五千年在摩納哥發現的三條魚脊骨項鍊，證明人類很早就會利用美麗的羽毛、貝殼、彩色卵石製造首飾。

我很喜歡逛博物館，常常被那些歷史古物感動，哪怕只是一片碎琉璃、一顆小玉石，都是故事，都是曾經存在的證明，生活的點點滴滴、世世代代累積下來就是歷史。

那麼，究竟是先有靈感還是材料？

答案：兩者皆有。

「巴黎聖母院尖塔」，鑽石藍寶墜。

如果已經確定個展主題，我會順著主題尋找適合的寶石，以靈感優先；如果偏向私人定製就以材料為主，我喜歡發揮每顆寶石的特性，讓寶石自己說話。

寶石自己會說話，每顆寶石都有屬於自己的故事，設計師只是橋梁，要仔細研究寶石產地、歷史淵源，觀察寶石外觀、形狀、重量、顏色、光澤，用放大鏡確認裂痕、內含物。若是私人定製就要考慮收藏家的氣質或收藏目的，最後決定設計方案、發鑲、監工，確認每一個環節都精準無誤，最後才能把作品交給客人。

設計師也有自己偏愛的寶石，有些店家或品牌專營單一寶石，也是很大的挑戰。有的是針對觀光客打造紀念寶石，例如台灣三大珠寶級寶石：珊瑚（Coral）、台灣藍寶（Chrysocolla in Chalcedony，藍至綠色的矽孔雀玉髓）、碧玉（Jasper），我自己也有一個「寶貝台灣」系列，就是用這三種材料互相搭配。

如果能把材料特質加上故事就可以創造話題，「人間四月天」系列就是最好的例子。

「寶貝台灣」，珊瑚台灣藍寶兩用針墜。

二〇〇〇年初我前往義大利旅行，走訪文藝復興時代的建築及藝術品，從羅馬到威尼斯，剛好和林徽因、梁思成這對「探索中國建築的伴侶」，一九二八年度蜜月的路線完全相同，當時台灣捲起電視劇《人間四月天》熱潮，我站在翡冷翠（佛羅倫斯）舊橋上，彷彿聽到徐志摩吟唱詩歌的聲音，旅途中所到之處都激發無限靈感，筆記本裡畫了一件又一件的珠寶設計草圖，回國後推出「人間四月天」系列，用珠寶的語言重新闡述這段近百年前的愛情故事。

有人說徐志摩是情聖，也有人說是渣男，但他不計毀譽，認真面對每一段感情，即使承受巨大壓力仍不放棄，我用鑽石（Diamond）代表徐志摩一生的執著與癡狂。

徐志摩元配張幼儀沉穩內斂、端莊典雅一如曖曖內含光的玉石（Jade），歷經喪子、婚變及留德求學的苦難歷練，奮發蛻變，成為上海第一家女子銀行副總裁。也許剛開始會忽略她的存在，最終還是散發無與倫比的光芒。

我將海水藍寶（Aquamarine）的聖潔光輝獻給林徽因，海水藍寶是剛與柔、冷與熱的極致和諧，既深邃又剔透，既成熟又純淨，是林徽因安頓內心狂熱，化為和諧美感的最佳典範。

至於光芒四射的陸小曼就像高貴嬌嫩的蛋白石，獨具一格的遊彩現象（Play of color）令人目眩神馳，但需悉心呵護，如同外表華麗內心脆弱的陸小曼。

如何運用材料是設計師一定要扎扎實實練好的基本功，可以尋找自己的最愛，可以跟隨流行趨勢，甚至大膽創造引領風騷的題材。

真正的專業不能等待靈感

Face 27

把自己放在異於日常生活的狀態，
對於創作是非常好的一種刺激。
如果能像海綿一樣吸收，
不管多麼細微的人、事、物，都會帶來啟發與感動。

靈感從何而來？

真正的專業不能等待靈感，而是要把自己訓練成隨時都能從生活中擷取靈感。

我的靈感約莫來自閱讀、旅行與電影。

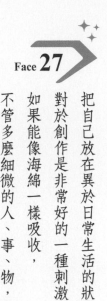

旅行的所見所聞是很好的靈感來源。

把自己放在異於日常生活的狀態，對於創作是非常好的一種刺激。如果能像海綿一樣吸收，不管多麼細微的人、事、物，都會帶來啟發與感動。

我是「雜食動物」，喜歡大量閱讀，不喜歡限制領域，更喜歡朋友推薦的各種書籍，閱讀就像窗子，透過光可以看到不一樣的風景，呼吸不一樣的空氣，體驗千姿百態的人生。

二〇〇二年「閱讀珠寶」系列的靈感來自世界各國的詩人，先選好文學作品再選擇適合的珠寶材料，也許是寶石的形狀、顏色符合詩中描寫的畫面；反過來也可用珠寶造型表現詩中意象，互相轉化。

酌酒與君君自寬，人情翻覆似波瀾。
白首相知猶按劍，朱門先達笑彈冠。
草色全經細雨濕，花枝欲動春風寒。
世事浮雲何足問，不如高臥且加餐。

——唐，王維〈酌酒與裴迪〉

「花枝欲動春風寒」這件別針的靈感來自王維的〈酌酒與裴迪〉。作品

「花枝欲動春風寒」，珊瑚珠貝黑瑪瑙橘剛玉鑽石兩用針墜。

使用銀白色珠母貝襯底，鑲上一圈黑瑪瑙，外面再圍上一圈白鑽，黑白分明，強烈對比。最特別的是在珠貝中間用彩色剛玉、珊瑚做了一朵立體花心，加上彈簧機關，花心就會微微顫動，重現王維詩中「花枝欲動春風寒」的情境。

看電影也是我的靈感來源之一，雖然只是短短一至三小時的影片，幕前幕後不知集合多少菁英一生的功力？看電影不是只看劇情，包括導演、編劇、演員、燈光、音效、服裝、特技、剪接、道具、歷史考據等等，都會影響一部電影的成敗，觀眾等於花最低的成本卻能得到最多的收穫，何樂不為？

一九九八年十月生平第一次個展的靈感就是來自電影《真愛告白》（Hope Floats），以無核珠為主題。無核珠又稱野生珠，也有人從日語的Keshi Pearls小珠子直接音譯為「客旭珠」。這種可遇不可求的珠子是養殖過程中，珠母貝排斥嵌入的核珠，在外套膜上直接包覆珍珠質，由內到外皆為珍珠質的變型珍珠。因為無核，珍珠層更厚、皮光更美、質地更加細緻，形狀千變萬化，剛好呼應電影《真愛告白》，女主角從婚姻中學會如何面對真實的自己，就像無核珠各自活出不同的模樣。

作品是心靈的投射，當時我剛剛離婚，選擇無核珠當主題也是對自己的一種鼓勵。在數十萬顆珠珍當中可能只有一兩顆無核珠，我們同樣珍貴稀有，把挫折當成養分，活出自己的光彩。

王維一生宦海沉浮，隱居輞川時與患難之交裴迪，竹洲花塢浮舟往來、終日彈琴賦詩。〈酌酒與裴迪〉這首詩看來是王維勸裴迪要「自寬」，不也是王維對自己的寬慰？人情翻覆似波瀾，不妨看看細雨潤濕的青青小草還有寒風中依然綻放的花朵，面對逆境，淡然處之。

把這些靈感變成動人的作品，也可以自寬寬人。

培養說故事的能力

Face 28

編劇就是負責說故事的人，
珠寶設計師就是為寶石說故事的編劇。

回想我的童年，不喜歡玩洋娃娃、跳格子，放學後每天和隔壁鄰居玩刺激的過五關，除此之外就是看故事書。《安徒生童話》、《一千零一夜》、《伊索寓言》等等，從圖畫集到兒童讀本，百看不厭。現在回頭想想，因為身為長女，雖然才幼稚園大班就要一個人搭客運到鎮上為上班、開店的父母送便當，在大家眼裡我是個早熟懂事的孩子，其實我是個古怪孤僻的小孩，幸好父母親一直鼓勵我好好讀書，打開書就像打開哆啦A夢的任意門，哪裡都能去，也為自己打造一個自由自在的王國。成為珠寶設計師之後，看到奇特瑰麗的寶石也很想為它們寫故事，浮想聯翩，擋都擋不住。

「粉紅佳人」，粉紅鑽戒。

一九九八年五月受邀參加「甄藏」精品博覽會聯展是我第一次正式對外展出，陸續發表「失樂園」、「鐵達尼號」、「祕密花園」、「心靈捕手」等電影系列。

我的每件珠寶作品都有名字，這種為珠寶作品命名再加上一段文字或引用詩詞描述作品意境、設計理念的做法，後來在台灣珠寶界變成一種風潮；就像 **IKEA** 的傢俱，有了名字就有生命，馬上拉近與消費者之間的距離，不再只是冷冰冰的傢俱。

創意是設計的靈魂，故事就是創意的舞台。韓劇這十幾年來勢如破竹、橫掃全球，最大的功臣是幕後的編劇，有些王牌編劇甚至可以指定導演、演員，編劇就是負責說故事的人，珠寶設計師就是為寶石說故事的編劇。

好劇本能讓演員充分發揮，珠寶設計師要努力挖掘寶石各種面向，透過理念、設計、工藝提升價值，每件珠寶皆是獨一無二的存在，不論收藏或餽贈，都蘊藏彼此的真情實意，不是金錢能夠衡量。要培養這種能力，除了不斷增進珠寶專業知識，更要好好與珠寶談戀愛，只有深情以待，珠寶才會變成情人眼中沉魚落雁的西施，散發無人能擋的魅力。

「聖母院花窗」，紅寶蛋白石帕帕拉恰鑽石墜。

大家熟知的珠寶品牌都有屬於他們自己的故事。一九六一年派拉蒙電影公司準備翻拍美國知名作家卡波提（Truman Garcia Capote）的小說《第凡內早餐》，Tiffany 毫不猶豫就答應出借場地，條件是由奧黛麗．赫本佩戴劇中或 Tiffany 的項鍊拍攝宣傳照，等同代言人，雙方合演這齣皆大歡喜的戲碼，不可諱言，Tiffany 絕對是這部電影的大贏家。奧黛麗．赫本身穿紀梵希黑色小禮服，搭配三串珍珠項鍊、黑絲絨長手套，馬上成為六〇年的代時尚造型，流傳至今已成經典。

另外還有一個很好的例子，從李安導演宣布改拍張愛玲短篇小說《色，戒》開始，一直到二〇〇七年電影正式上映，不管懂不懂珠寶，大家都在討論火油鑽、鴿子蛋、粉紅鑽。看電影時，我就眼巴巴等著這只戒指出場。

卡地亞總公司特別禮遇李安，由電影公司派人專程到法國總店挑選符合當時流行的款式，電影播放期間也把這只粉紅鑽戒送來台北微風廣場卡地亞店展示。出現在電影的那個戒指是非賣品，價值約一億五千萬台幣，巡迴展之後送回卡地亞總店保存，變成他們的古董收藏，客戶可訂製相同款式。

這麼會說故事，環環相扣面面俱到，值得我們好好學習。

擁有設計師的好本領

Face 29

設計師本身要有強烈的信念，
要知道自己想透過作品傳達什麼訊息。

我有一個「設計正三角型原則」。根據這個原則，把三個要素：珠寶特色、客人氣質、藝術工藝放在等邊三個頂點。

第一個頂點是珠寶的特色，一定要優先考慮將寶石本身的特色發揮出來，搭配主石（或主題）的鑽石或色石的形狀、大小、數量、擺放位置、高低層次都很重要，不要只是一味堆積配石或小鑽。

祖母綠（Emerald）在ＧＩＡ寶石淨度分類中，被分在幾乎永遠都有內含物的第三類，有位富有想像力的珠寶商把這些內含物稱為花園，有一件祖母綠戒指「繽紛花園」就是得自這個靈感。

「星月交輝」，私人定製，
大溪地珠藍寶月光石鑽戒。

主石是一顆三角形光面祖母綠，象徵花園裡所有的綠色植物，周圍用大大小小的彩剛玉，紅、粉、橘、黃，配成不規則的花瓣，盛開的花朵環繞著祖母綠，最旁邊一朵小花還微微翹起，彷彿迎向朝陽的姿態，很是可愛。

第二個頂點是客人的氣質，尤其是私人定製，除了保有設計師自己特色外，也要符合使用者的氣質。同樣一件作品適合A不一定適合B，有些客人很怕「撞珠寶」，設計師要善用專業知識及經驗，找出最適合客戶氣質的風格。

我有一對圓型灰色墨翠鑽石耳環「出岫」，浮在透明翡翠上面的石紋就像暈開的水墨畫，淡泊優雅，這麼美的作品絕對不能推薦給兩種客人，第一，膚色偏黑的客人，會因翡翠的灰讓客人更黑，兩者都失色。第二，個子嬌小或臉型太圓、脖子較短的客人。最後我把「出岫」推薦給老客人張女士，張女士身材高眺、皮膚白皙、肩線優雅，當她戴上這對耳環就像從畫裡走出來的古典美人，美得令人讚嘆。

第三個頂點就是要追求卓越的金工技藝。這個部分我想借用中國近代思想家嚴復先生提出的翻譯三難「信、達、雅」來說明。

「信」就是鑲工必須要能完成設計師最基本的要求，例如造型、安全、舒適。

「達」要能成功傳遞設計師的理念，要達到這種內外合一的境界，設計師本身要有強烈的信念，要知道自己想透過作品傳達什麼訊息？如果對作品沒有自己的看法，只是一堆寶石的堆積，客戶看到作品也不會有感覺。

最後的「雅」已經是藝術品的境界，要有個性，要有神趣，可以傳遞感情，可以涵養心性，可以傳家為寶。

「京都那年秋天的回憶」這件作品是用紅色阿卡珊瑚為樹幹，綴滿花朵狀的黃翡，表現層層掩映的紅葉，再輕輕加上幾片綠色翡翠、鑽石，如藏在楓紅裡的小綠葉與微微閃爍的露珠。造型簡單卻不失優雅，看到它彷彿回到那個漫天紅葉飄落的小徑，沿著長長石牆，走過京都的晚秋。整件作品就是表達一種意境。

一個好的設計師應該具備統合以上三點的能力，讓三點之間的距離相等，當這個漂亮的正三角型出現時，我相信作品也近乎完美了。

「京都那年秋天的回憶」，珊瑚翡翠鑽石別針。

送出祝福，成全美事

Face 30

「愛」這個字就是用心感受；
讓祝福傳來傳去是多麼幸運的禮物。

誕生於二〇一一年的第一件「平安花語」完全是無心插柳，這件作品蘊藏三代母女的深情祝福，如今已開成一片綠柳成蔭的花園。

當年我的客人小玫子拿來一片蛋面翡翠裸石，說是母親多年前送她的結婚禮物，一直擺著，心血來潮想把這片翡翠請我設計鑲製，當成母親節禮物回送給媽媽。小玫子沒有任何想法，完全交給我發揮，當時小玫子自己也當了母親，有個非常可愛的女兒，看著眼前只有指甲大小、薄薄的淺綠色豆青種玉片，不太適合當主石，「能不能有更好的點子？」我心想。

我們是一起練氣功的同門師姊，想到師父教導「愛」這個字就是用心感

「平安花語」，翡翠紅寶藍寶鑽石兩用針墜。

受，頓時湧現「開枝散葉」代代綿延的意象，決定把蛋面小翡翠打橫做成花盆，配上粉嫩甜美的碧璽，用綠色石榴石表現枝幹，再點綴幾顆藍寶、鑽石、粉剛玉，變成自在舒展、綻放幸福的花樹，既可當成別針，也可當成墜子，小巧精緻，很適合秀氣的小玫子媽媽。

作品完成後我特別喜歡這個象徵平安幸福的「花瓶」，繼續用各種不同材質、組合、構圖手法，設計一系列的「平安花語」。

我自己很喜歡一件瓶身是藍中帶紫的礫背蛋白石，搭配深深淺淺的粉紅碧璽、優雅的海水藍寶，再奢侈的用鑽石鑲滿整棵枝幹，襯托深色礫背蛋白石瓶身，對比強烈，有一種華麗的洗練。

有一年初夏去日本京都旅行，入住嵐山星野，窗外扇形小葉楓隨著陣陣薰風搖曳翻飛，那姿態真是美極了，又激發另一款平安花語的靈感。如何表現看不見、摸不著的風？可以用線條表現。

這次把瓶身鏤空，像刺繡又像浮雕裝點象徵福祿的蝴蝶、富貴的牡丹，讓視覺重點放在花葉上；我特意挑選葉片造型的翡翠，大膽將葉梢朝右並往上微微揚起，再調整高低層次，造成葉片層層疊疊、相互掩映的立體感，用高低差縮減作品尺寸，避免因過度龐大的材料產生笨重的視覺效果，如此一來，就能造成「空氣感」，讓空氣在寶石材料之間流動，自在翻飛。

日韓偶像劇男主角經常出現的髮型，雖然茂密蓬鬆，絕不會像戴著鋼盔或安全帽，精心修剪成羽毛般的層次與微翹的髮尾，就是營造空氣感的祕密武器。櫻桃小丸子的大少爺同學花輪，每次出場就一定要撩撥一下頭髮，就是為了保持空氣感的髮型吧！

小玫子的媽媽非常喜愛她的平安花語，特別交代將來要把這件禮物送給外孫女，多麼幸運的禮物，讓祝福在三代母女手中傳來傳去。

初夏的小葉楓，
曾郁雯攝於京都嵐山星野。

找到改變的方法

Face 31

設計也是一種修行，修就是改變，行就是方法，
修行就是找到改變的方法，
改變自己，改變衝突，化干戈為玉帛。

每個設計師都有不同的專長，有的色感強烈，有的造型大膽，也有人擅長結合不同媒材。

相對的每個設計師也有自己的罩門，有的比例不佳，有的線條不順，有的配色單調，但我比較在意「舒服」這個基本條件；因為我不喜歡戴起來不舒服的飾品，這裡的不舒服包括視覺及觸覺，所以舉凡尖銳的線條或角度，我都會想辦法化解。

還記得我的朋友U嗎？

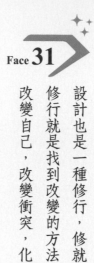

他是澳洲蛋白石供應商，第一次來工作室拜訪那天，把一堆裸石攤在桌上，我一眼就拿起其中一塊礫背蛋白石，他當時非常激動，因為這塊石頭已經在他手上十幾年，從來沒有得到任何一位客人青睞，除了寶石本身又大又厚又重，還有一個嚴峻的挑戰就是石頭的形狀實在太像一把匕首，難以駕馭。

在我眼中這塊石頭卻是絕世珍品，一生難求，完全被它美如星辰閃爍的遊彩現象吸引。遊彩現象起因於蛋白石層狀結構的矽原子小球體，把進入寶石的光線打散成七彩顏色，遊彩越多越美，片狀面積越大或紅色越多價值越高。因此全世界幾乎沒有兩件相同的蛋白石，這也是蛋白石迷人的原因。

這塊完全天然的蛋白石本身就是梵谷畫作〈星夜〉的翻版，沿著寶石上緣宛如劃過一道七彩星光，底部襯著墨藍色沉靜幽遠的黑夜，接著就是梵谷油畫中經常出現的渦狀星雲，不論顏色、筆觸、形狀，幾可亂真。我反覆欣賞這幅大自然的傑作，心中激動不已，只能讚嘆宇宙神祕的力量，並且感謝這個美妙的機緣讓我能夠擁有它。

接下來就要處理它的形狀問題，我採取的對策就是「化解」，看到石頭的第一眼，心中已經想好款式，就是用梵谷的渦狀星雲把右上角的空缺補上，製造另一片天空，淺色白鑽在前，深色藍寶在後，馬上呈現立體感，再點綴幾顆散發溫潤光暈的金色無核珠，顏色更豐富、更有高低層次。有天就有地，寶石正下方以黃K金為底，鑲上漸層咖啡鑽象徵大地。左下方再次利用梵谷畫中的元素，種上一棵燃燒的柏樹，就這樣用梵谷再造梵谷，完成這件「梵谷的星空」，成為二〇一二年一月「小確幸珠寶鑑賞會」年度個展的Master Piece，連邀請函都是用這顆蛋白石局部放大的畫面，絢麗迷人，許多朋友看到媒體報導特別前來觀賞這件作品。

化解有很多方法，例如用鏤空的方式化解呆板厚重的缺點；或用流暢的線條造成視覺錯覺；或用色塊分布製造立體感，如果配色得當，還能營造季節感或歷史感，充滿各種挑戰。

設計也是一種修行，修就是改變，行就是方法，修行就是找到改變的方法，改變自己，改變衝突，化干戈為玉帛，也是我們對天、對地、對人、對物的虔誠敬仰。

「梵谷的星空」，礫背蛋白石藍寶金無核珠鑽石兩用針墜。

信任能創造奇蹟

Face 32

信任是對設計師最好的鼓勵，
最終還是會回饋到收藏家身上。

珠寶是貼心又貼身的飾品，除了視覺上的美觀，還要考慮人的身體是立體曲線，設計珠寶的時候一定考慮佩戴者的感受，我的作品看起來與戴起來完全不一樣，都是經過累積的經驗精密計算而成，就像衣服一穿上身才知道好不好看，端看打版師的功力。

要達到這種效果，從畫圖開始到製造過程的每一個細節都要盯緊，高低差及角度非常重要。例如同樣是圍繞主石一圈的花瓣，每片花瓣都可以做出高低層次，不要全部一致，這種些微的差距就會產生空間，看久了也不會膩。

有時候要將結構拆解，把力量分散，即使只是一個簡單的小墜子，也儘量不要將結構完全固定，可以把墜頭與主石之間拉開一點距離，讓上下兩個結構產生空隙，增加作品晃動空間，佩戴時不但感覺舒適服貼，如同身體的一部分，走動時還會產生搖曳效果，閃閃動人。

「魔鏡！魔鏡！」這件作品靈感來自童話故事《白雪公主》。很多寶石商都知道我喜歡蛋白石，他們常常會提供一些特別的石頭讓我挑選，當我看到一片罕見的雙面蛋白石，一面是紅、藍、紫色的遊彩，另一面卻是綠、黃、橘，為了讓這位雙面嬌娃盡展風情，就想到奇幻的魔鏡，決定將這片蛋白石做成一把可以三百六十度雙面翻轉的手鏡。採用光面小紅寶及黑鑽石做成鏡框，再設計一個機關讓蛋白石可以在框內翻轉，墜頭就是鏡子的把手，配戴者可以隨時拿起來把玩，增添很多樂趣。

這把神奇的魔鏡二〇一三年被我學妹的母親收藏，她們母女都是眼光獨具的女中豪傑，基於信任，她們完全放手讓我自由發揮，才有這件作品。信任是對設計師最好的鼓勵，最終還是會回饋到收藏家身上。

「魔鏡！魔鏡！」，雙面黑蛋白石紅寶鑽石墜。（右，正面；左，背面）

Face 33 色彩和自然都能療癒人心

這些顏色的組合，不論是鮮嫩的、柔美的、清爽的、溫潤的、豔麗的或蕭索的，都是呼應大自然四季演化，可以為珠寶設計的配色提供源源不絕的靈感。

認識J女士是在某次餐聚之後遇到防空演習，她剛好坐在我旁邊，我們一邊喝咖啡一邊閒聊，沒想到從此結為好友，她們一家人都是我的大貴人。

有一次J女士住院修養，她說幸好天天翻閱我的珠寶書，幫助她度過那段無聊的日子。我的作品被稱為「療癒系」珠寶，配色應該是原因之一，色彩跟大自然一樣，都具有療癒功效，要如何搭配顏色，可以師法自然。

入選二〇〇一年佳士得的作品「晶瑩」，是翡翠、紫剛玉、鑽石別針、

「晶瑩」，翡翠紫剛玉鑽石別針、耳環，入選 2001 佳士得秋拍。

戒指、耳環套組，配色大膽，當時很少人會用剛玉搭翡翠，尤其是紫色的剛玉，我一直很喜歡這種帶有濃厚春天氣息的紫綠配。

翡翠商業銷售用語的「春帶彩」，指的就是一塊翡翠上同時出現紫色與綠色，如果質地又好，會散發一種鍾靈毓秀的氣質，春色無邊，過目難忘。

有人說「春帶彩」是「蓴帶彩」的錯用，如果你看過或吃過蓴菜，就知道這種原產於太湖的水生蔬菜，尤其是清明前後採摘的春蓴菜，剛剛萌芽、尚未完全展開的新葉，看著青翠鮮嫩，入口滋味鮮腴，這麼美的名字搭上翡翠，真是絕配。

聖德太子於西元六〇三年訂定日本第一次位階制度「冠位十二階」，以冠帽的顏色將朝廷官員分為十二等級，最高的「大德」就是戴紫冠，一直到平安時代，紫色都是高貴的象徵。紫式部寫的《源氏物語》，頻頻出現紫藤花，紫藤也是紫綠配，盛開時成串的花朵如瀑布奔瀉，香氣怡人。《源氏物語》有一卷〈藤花末葉〉，描寫內大丞授意兒子柏木故意從庭院摘下一枝色濃穗長的紫藤，附在女婿夕霧的酒杯上，原本想捉弄對女兒雲居雁移情別戀的夕霧，風流倜儻的夕霧本就長得眉清目秀，又要捧酒杯又要拿紫藤，鞠躬行禮不知如何是好的樣子非常可愛。其實內大丞早就想調和這對年輕人，趁機吟了一首和歌，意思是紫色的藤花開在老松上，看到這麼漂亮的顏色，就原諒他吧！當晚夕霧假裝酩酊大醉藉口留宿，柏木把夕霧領到妹妹雲居雁的房間，讓他們重修舊好。用一朵紫藤化解一場家庭紛爭，實在風雅。

日本平安時代的風雅是將萬物四季融入生活，當時的女子流行「襲色」，利用不同色彩及布料將自己的衣服搭出時髦的季節感。平安時代貴族女子的正式服裝是「十二單」，一層一層交疊，厲害的人可以透過顏色及布料穿出四季色彩。例如女三宮夏天穿的「藤襲色」就是紫綠配，從深紫漸層到淺紫的紫根、蘇芳色，中間跳出白色，接著過渡到蓼藍加黃蘗的綠色。這些顏色的組合，不論是鮮嫩的、柔美的、清爽的、溫潤的、豔麗的或蕭索的，都是呼應大自然四季演化，可以為珠寶設計的配色提供源源不絕的靈感。

在京都有一種台灣少見的絳紅色木瓜（花名，又稱貼梗海棠），嬌豔無比，卻因花期曖昧不明被京都人戲稱為「呆花」，就知道他們對季節何等敏感。四季有序、花開有時，這一切，都是大自然賜給我們的禮物，被稱為好色之徒也無妨。

打開你的心眼

Face 34

把眼睛訓練成敏銳的鏡頭，捕捉稍縱即逝的珍貴畫面。

珠寶設計與攝影有異曲同工之妙，不論主題選擇、取景角度、畫面構圖、光影變化、色彩搭配，兩者的思考模式大同小異。一個小小的戒指等同一幅攝影作品或一件立體雕塑，方寸之間亦是很大的挑戰。

這幾年我私淑幾位攝影大師，以牡丹亭崑曲系列豔驚國際的許培鴻先生，教我如何捕捉戲劇的張力。

榮獲吳三連攝影獎的張蒼松先生，留學日本攝影學校，一絲不苟，拍照的專注與細膩令人感動。

《光華雜誌》資深攝影師鐘永和先生，上山下海、全台走透透，跟在他身邊拍照有一種隨遇而安的自在從容。

動漫達人李憲章先生，博學多聞、才華洋溢，也很喜歡拍京都，他說拍照的時候要隨時進入狀況，只要一拿起相機已經抓好構圖，剎那間馬上按下快門，才能立即捕捉稍縱即逝的絕佳畫面。

郭英聲大哥的童心，有一種所向無敵的無畏，每次見面都會觸動我突發奇想的點子。

潘小俠大哥又是另一種風範，一頭蒼灰雜亂不知是沒空整理還是懶得整理的長髮，彷彿還在跑當年街頭運動，很早就開始拍攝原住民的他，捕捉的人物極具臨場感，好像隨時都會跳出畫面跟你打招呼。

劉振祥大哥拍了很多雲門舞集、劇場表演的照片，他會先挑選一個好位子，架上腳架，表演開始後全神貫注按快門，彷彿黑夜中一顆無聲無息卻無比閃耀的星星，專注的身影令人感動。

風流才子謝春德大哥從攝影、策展、寫詩、寫文章、開餐廳、拍MV、做造型……無所不能，他的天馬行空出人意表又直擊人心，外表粗獷的他其實非常細膩溫柔。

「松柏長青」，寶貝台灣系列，珊瑚台灣藍寶月光石鑽石兩用針墜。

還有一位娶了我大學同學的沈昭良，不論街頭賣玉蘭花的女孩、東京築地市場冒著冷煙的鮪魚或濃妝豔抹的電子花車女郎，都讓我傾心不已，他對弱勢團體、生態環境、社會人文的關懷與尊重，完全透過鏡頭展露無遺。

若有機會跟著這些亦師亦友的前輩吃飯喝酒、聊天出遊都很快樂，他們教我如何打開心眼，把眼睛訓練成敏銳的鏡頭，捕捉稍縱即逝的珍貴畫面。

除了上述的主題選擇、取景角度、畫面構圖、光影變化、色彩搭配，利用鏡頭拉遠拉近產生「景深」的方法，對珠寶設計也有很大的幫助。

曾經有位客人請我將一支形狀銳利的阿卡珊瑚重新設計鑲製，除了「化解」，我想挑戰更高的境界，先大膽製造一個小花窗當成後面的背景，讓大個頭的珊瑚在前，用遠近法做出破窗而出的景深，產生大小強烈對比，讓畫面從2D變成立體3D。

這件作品被杭州的朋友收藏，我特別選用台灣藍寶搭配珊瑚，放進「寶貝台灣」系列，希望她對台灣留下美麗的回憶。

復刻的魅力

Face 35

人與人之間的聚散像交錯的列車，
也許有緣併肩而坐，也許此生永不相遇。

復刻版肯定是受到收藏家或消費者喜愛才會重複出產，多年前去美國紐約第五大道 Tiffany 珠寶參觀時，當場領教復刻版商品的魅力。當天一屋子的客人在 Tiffany 珠寶店裡逛來逛去，不管哪個角落的櫃子都會一直看到經典款，而不是高價位的貴重寶石；這些入門款不斷重複出現，不斷刺激愛好者的購買欲，到最後大部分的人至少會買一兩個銀飾當成到此一遊的紀念品；這些擺放在四處的櫃子還能分散不斷湧入的人群，真是一舉多得的銷售模式。

有些設計師經年累月推出復刻版以滿足眾多粉絲的需求，也是一種特色。對設計師而言，自我風格的塑造是非常重要的基本條件，隨著年齡增長、技術進步，作品風格多多少少會有改變，除了吸引新的買家，有些忠實粉絲也喜歡長期收藏自己心儀設計師各階段的作品，有一種一路走來，相知相惜的革命情懷。

其實每個階段的作品都有各自的精采，早期的作品不一定會輸給後期的作品，畢竟都是不同階段的代表作。有時候還得拜託收藏家把珠寶借給設計師辦回顧展，每次看到這些回娘家的珠寶，我的心情都很激動，常常回想當時的設計靈感從何而來？問問自己是否保有初心？感謝它們的主人一路悉心照顧，而且願意慷慨出借，讓更多人分享。我有一些作品只被一位或一組客人看過，甚至來不及拍照，如果有機會亮相，真的很幸運。

「人間四月天」、「朧月夜」、「蝶戀花」、「平安花語」號稱我的四大美人，這幾個系列每隔一段時間就會推出復刻版，即使造型相同，也會特別選用不同主石或配石重新詮釋，絕對不會讓客人「撞珠寶」。

二〇一五年深秋我帶著一套「青花瓷」別針、耳環飛到巴黎皮爾卡登展覽中心，參加法國第一屆藝術博覽會。

這套「青花瓷」是「平安花語」系列第四代變身，主石全部用白色到淺灰、灰藍、淺藍、深藍色的蛋面星光藍寶，搭配切面小藍寶、紫剛玉、鑽石，做成一件兩用針墜，一對耳環的套組，內斂優雅的氣質，完全顛覆之前的狂亂奔放。為了減輕佩戴時的重量及視覺效果，整件作品儘量鏤空，即使只是瓶身上小小的一朵牡丹或蝴蝶，也做出漸層色塊，不管從哪個角度欣賞都能表現輕盈的立體感。

巴黎的秋天如果沒有太陽就像冬天一樣寒冷，展覽期間我和三個女兒每天搭地鐵從旅館到香榭麗舍大道旁的展場工作，剩下的時間母女四人就去羅浮宮、奧賽美術館、聖母院、塞納河、蒙馬特、芳登廣場四處閒逛；有時在旅館自己買菜做飯，訂到餐廳就去享受美食；有時帶她們越區去巷弄間尋找多年前走訪巴黎，記憶中的小館。

第一次到巴黎我懷著老大，隨布袋戲大師李天祿先生的劇團到歐洲公演一個月，最後幾天脫隊跟著阿公先去巴黎，每天一定要搭地鐵去越南餐廳「牛車水」吃一頓任性的孕婦早餐才肯罷休。當時讓我不辭辛勞的美味早餐是最簡單的豆漿、油條，巴黎的油條和台灣不太一樣，長度大概只有一半，

「青花瓷」，平安花語系列，蛋面星光藍寶，小藍寶、紫剛玉、鑽石兩用針墜、耳環套組。

麵皮比較厚，咬起來特別有嚼勁。

最後一天參觀完羅浮宮，有點離情依依，我們在羅浮宮旁邊的馬列（Marly）長廊咖啡館從黃昏暮色一直坐到明月懸空，發現貝聿銘設計的金字塔竟然還有燈光秀，就像一場穿越時空的夢幻之旅。看著眼前三個已經長大的女兒，突然驚覺其實是我離不開她們，像我這樣外表看似堅強，內心無比脆弱，如此任性的母親，她們肯定有許多委屈與妥協，因為愛，一直忍著。

人與人之間的聚散像交錯的列車，也許有緣併肩而坐，也許此生永不相遇，即使下一站就要別離，也曾共看一窗風景，天涯海角帶著彼此祝福的心意，足矣。

就把這些回憶全部復刻到心裡。

珍惜款待的心意

Face 36

不管美食或旅行，都需要很深的文化底蘊支撐，自己要先用心對待，才能感受對方款待的心意，這種精神與設計珠寶是同樣的道理。

我要特別說說「吃」這件事情對珠寶設計的影響。

很多珠寶設計師或寶石供應商，包括我自己都是愛吃鬼，對美食完全沒有招架能力，有些人也喜歡自己下廚享受烹飪的樂趣。尤其出國參展，白天工作壓力很大，結束工作後通常都會三五好友相約一起吃飯，大家都有私藏口袋名單，藉機大開眼界、大享口福，既可釋放壓力，又可互通情報、聯絡感情。如果是國際大展就更精采，白天是珠寶盛會，晚上是美食饗宴，我常常覺得珠寶相關業者都是有福之人，要懂得珍惜福報。

不管美食或旅行，都是很大的學問，需要很深的文化底蘊支撐，自己要先用心對待，才能感受對方款待的心意，這種精神與設計珠寶是同樣的道理，我們絞盡腦汁設計的作品，跟廚師費盡心機端出來的料理一樣，都希望看到、吃到、買到的人明白其中的心意。

日本懷石或會席料理的八寸，可以當前菜也可以下酒菜，內容一定是當季的山珍搭配海味，以擺盤精巧且具季節感為特色，最能表現主廚的擺盤功力及美學涵養。上這道菜的時候，再餓都不能急，一定要讓眼睛先吃，用心欣賞之後再大快朵頤。

八寸是茶聖千利休從石清水八幡宮供奉的八寸杉木方盒得到靈感，演變成茶懷石的開胃菜，正式的八寸長寬皆為八寸（二十四公分）的杉木盒，右後方擺海鮮，左前方放山菜或五穀，漂亮的擺盤必須在木盒的對角線上把山珍與海味分別擺放在兩個直徑六公分的圓碟上，因為每年不一定都能吃到同樣的旬食，也有一期一會，珍惜感恩食物的情懷。

現在的八寸已經擺脫傳統茶懷石的束縛，只保留名稱及意義，尺寸、形狀、擺盤都可自由發揮。八寸除了講究食材的季節感，食材的顏色、大小、

「櫻花雨」，珊瑚翡翠珠貝剛玉鑽石別針。

高低與食器的搭配、節慶結合，已經臻至藝術境界，是一道心靈饗宴。

日本國寶級藝術家北大路魯山人認為「食器是料理的衣裳」，旅日國際禮儀專家陳弘美女士則說：「食器吃出氣質……，如果再加上使用器皿的禮儀，更能體現品味與修養。」

京都晴鴨樓這家百年料理旅館在賞櫻季節擺出來的八寸，有鯛魚山椒芽握壽司、旨煮海老（蝦子）、花見糰子像一串糖葫蘆挨在邊上；中間米色描紅邊六角形涼拌小缽金色櫻瓣悄悄飄到側面，最右邊乾脆再來一個白底描藍邊的櫻花淺碟，嫩綠山菜凍、橘色鮭魚和京都最聞名的白色湯葉（最高級的第一道豆汁皮）三種素材都處理成長方形，用春天的顏色相互呼應，所有的食物清清爽爽擺在黑色金底華麗漆盤上，和諧得不得了。

享用美食的過程透過食材與食器，從含苞待放到落英繽紛的櫻花雨，好像走過一個春天。希望我的珠寶也能陪你走過生命中最值得珍藏的季節。

吃的當下，眼、耳、鼻、舌、身、意通通被觸動，最感人的就是隱藏在食物背後那份「款待的心意」，面對季節感的東西要好好珍惜，時光流逝如櫻花雨飄落，下次再見也許已是千年萬年。

跨界合作提升視野

Face 37

跨界合作除了熱情之外，
最重要的是從對方身上學習更多，
能夠不斷挑戰、自我要求、大膽突破。

跨界合作是我很喜歡的一種模式，在過程當中可以與不同領域的朋友互相激盪啟發、交流學習，是一件非常過癮的事情。

這些年與高雄新思惟人文空間、帕莎蒂娜（Pasadena）法式餐廳總共合作過三次聯展，每一次都是挑戰與突破。

二〇〇六年第一次異想天開的聯展由頑石設計程湘如大姐穿針引線，規劃「郁見幸福」珠寶系列在二樓新思惟人文空間展出，一樓的帕莎蒂娜法式餐廳同時推出「幸福的六種滋味」每日限量珠寶套餐活動。開展當天吸引大批媒體前來報導，在當時算是破天荒、跨領域的異業結盟。

珠寶要如何和美食結合？這次已經不是去餐廳點菜吃飯那麼簡單，而是要與帕莎蒂娜聯手上菜。食物是餐桌上的珠寶，不論是家常菜或宴席，每道菜的營養成分、顏色搭配、擺盤、菜單、上菜順序都有學問，需要巧心慧思，經驗與創意。那段時間除了設計珠寶還得南北奔波，與帕莎蒂娜法餐主廚、西點主廚一起設計珠寶美食料理，討論如何利用珠寶元素呈現幸福滋味。經過不斷溝通，主廚一次又一次開發研究菜單，最後選定六種幸福元素：熱情、堅定、溫暖、信任、美質、純淨，終於完成這個艱巨的任務。

例如前菜「熱情誘惑」是由當時的主廚簡天才負責，燦爛耀眼的金黃色蝦卵灑在紅豔豔的番茄凍上面，番茄對切，內藏蟹肉、莫札瑞拉乳酪，充滿熱情的呼喚。我就設計一件「玫瑰火焰」來呼應，用黑鑽石鑲成鏤空蕾絲玫瑰花瓣，中置一朵雕花阿卡珊瑚，搭配紅色寬版短頸皮繩，既優雅又性感，真的很誘人。

「郁見幸福」系列不管珠寶或美食都獲得廣大迴響，因為合作愉快，之後又回帕莎蒂娜辦過兩次展覽，分別是二〇一〇年「璀璨花園三人聯展」及

「玫瑰火焰」，黑鑽石阿卡珊瑚墜，紅色寬版皮繩。

二〇一七年「珠寶情人」個展。睽違十年，再度與高雄帕莎蒂娜國際餐飲集團、新思惟人文空間三方聯手的「珠寶情人」個展，以波蘭電影大師奇士勞斯基（Krzysztof Kieślowski）《藍白紅三部曲》（Three Colours）電影為基底，推出一場色香味俱全的珠寶法式美食藝術饗宴。

帕莎蒂娜董事長許正吉自法式餐廳成立以來，一直堅持「以藝術入菜，以創意佐餐」的經營理念，推廣食藝美學，他希望藉由此次珠寶美食的跨界合作，能讓客人體驗感官與心靈的雙重享受。我與高雄帕莎蒂娜國際餐飲集團、新思惟人文空間的合作一次比一次精采，除了熱情之外，最重要的是我們彼此都希望能從對方身上學習到更多，能夠不斷地挑戰、自我要求、大膽突破。

正式開展前我不知搭了幾趟高鐵去高雄試酒試菜？光是和阿興主廚討論主菜「低溫煮西班牙豬肋眼眉與田螺佐冬季黑松露」兩捲伊比利豬肉的位置要怎麼擺才能表現「兩心傾慕」的感覺，就試了很多版本。

還有一直很厲害的甜點主廚黃麗芳，每次都絞盡腦汁，端出令人驚喜的作品，這次的前甜點「幸福約定」選用甜菜根片，風乾之後薄可透光，天然的輪廓就像樹木美麗的年輪，漂亮、美味又健康。另一道主廚甜點「永恆」將洛神花用分子料理的手法做成一顆晶瑩剔透的紅寶晶球，比真的珠寶還漂亮。

開幕記者會由苦苓擔任嘉賓，他和帕莎蒂娜國際餐飲集團許正吉董事長兩位男士都別上我的別針，效果出奇的好，證明男人也很適合戴珠寶。

我非常佩服許正吉董事長夫婦的為人，寬宏大量，視人如親，從一個麵包開始改變高雄，他們從來不誇耀自己的的貢獻，一路默默犧牲付出，這對夫妻是我衷心感謝，學習景仰的模範。

台北場於二〇一七年一月二十日接棒，並舉辦同名小說《珠寶情人》新書發表會，地點選在氣派豪華的東方文華飯店旁邊的小花店，完全是個偶然。

當時先去文華看場地，發現隔壁的花店 Da'co & Co 也可以喝咖啡，就進去試試，沒想到意外發現空間雖小卻很有味道，決定試試看。我們把那個小小的花店布置成一座祕密花園，彷彿到處藏著珠寶，瀰漫一股神祕感，這個偶然發現的另一種跨界合作，也充滿驚喜。

發展幸福美學經濟

Face 38

「美」會帶給人們幸福的感覺，
不僅是視覺上的享受，更是心靈的共鳴。

究竟如何才能把幸福轉換成美學經濟？

《商業周刊》二〇〇五年九月有篇報導日本四國德島縣上勝町的文章，這個只有二千二百多人的小地方，而且多半都是嚴重外移後留守的老人家，究竟如何創造超過二億五千萬日圓營收的綠色奇蹟。

上勝町百分之八十六的面積都是森林，一九八一年寒流過後，當時唯一的獲利產業「柑橘樹」幾乎全部凍死，整個小町奄奄一息。但危機就是轉機，有位負責教導提高農業技術的農事指導員橫石知二先生，卻在無意間扭轉整個局勢。

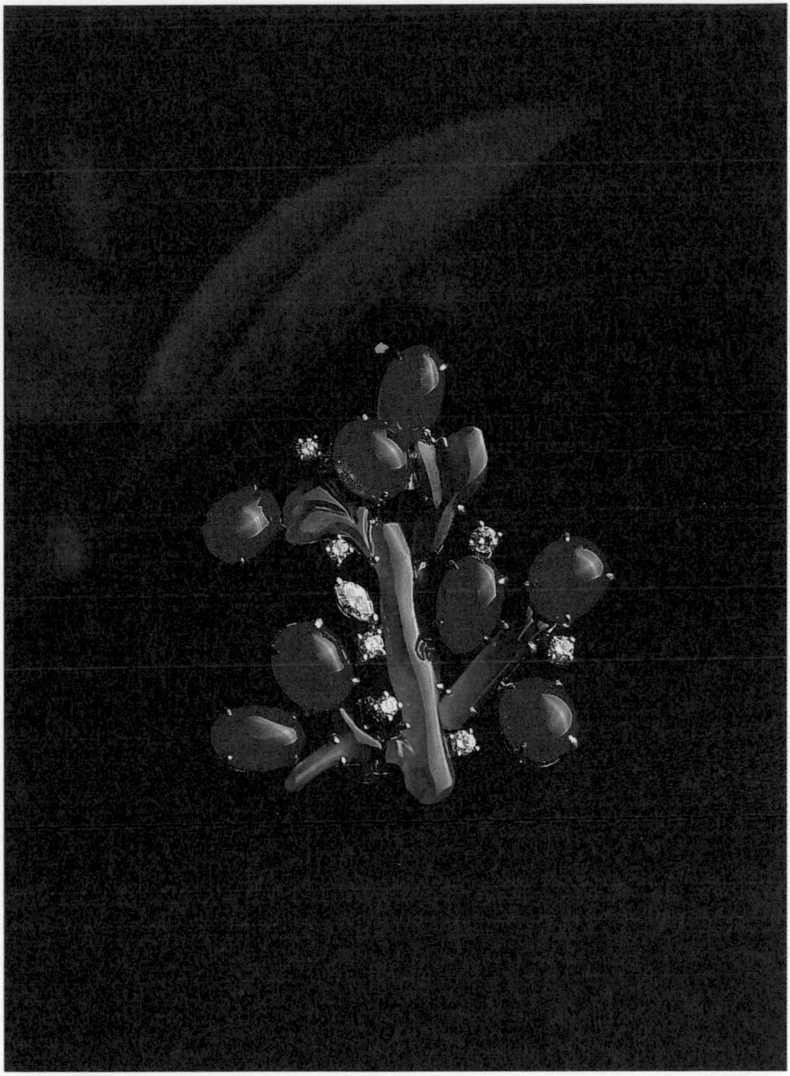

「花香」，翡翠紅寶鑽石兩用針墜，入選蘇富比 2002 秋拍。

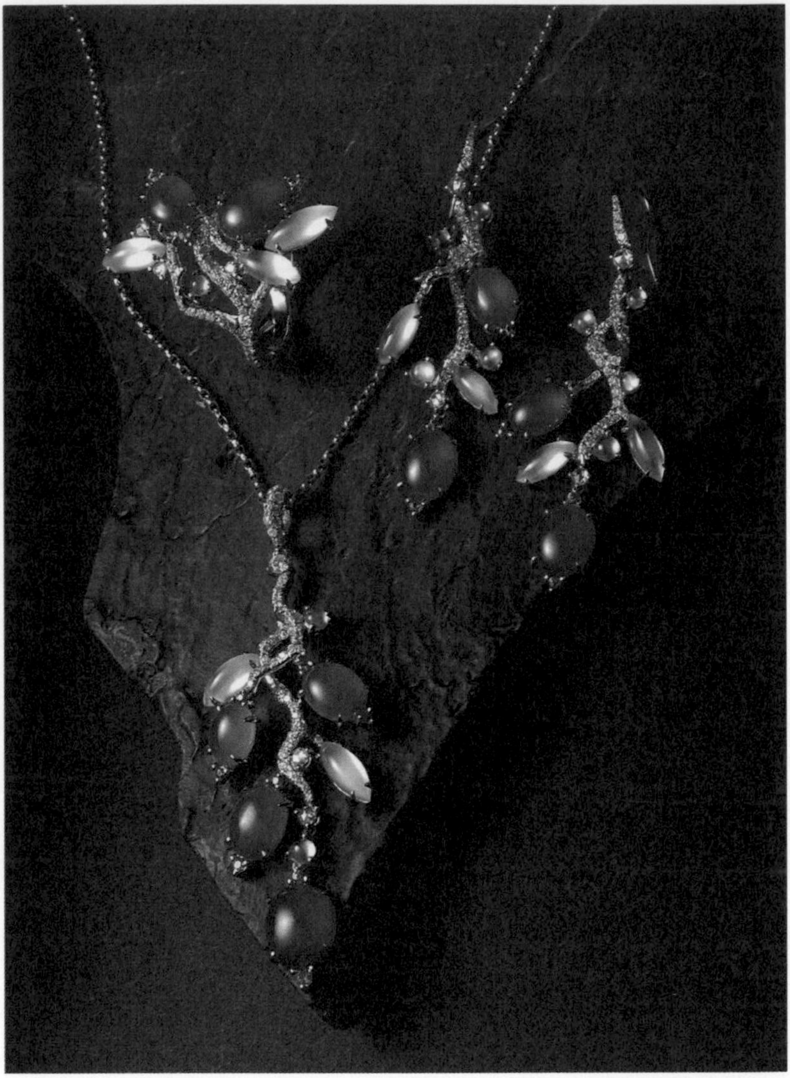

「秋天來了」，翡翠鑽石墜、耳環、戒套組。

橫石在外用餐時看到鄰桌客人餐後將擺在餐盤上當作裝飾的枝葉，用手帕小心翼翼打包回家，這個動作頓時激發橫石的靈感，把老天賜給上勝町的寶藏，「森林」變成搖錢樹。日本人喜歡依季節時令裝點餐盤，這種用來裝扮料理的枝葉叫做「妻物」，橫石得到當地農會及居民支持，成立「彩」株式會社，從此以後，凡在日本高級餐廳看到的妻物，百分之七十都來自「彩」這個公司。

日本原本就四季分明，長在山中的葉子經過冷冽的溪水洗滌，更加鮮豔動人。別小看「彩」的員工幾乎都是平均六十幾歲的老太太，她們每日查看公司傳來的資訊，提供現有貨色，發現缺貨就立刻上山撿拾，她們隨身攜帶手機，互通有無，以免產品重複，每月還上網查看銷售排行榜，知己知彼，以期創造更好的業績。

「美」會帶給人們幸福的感覺，但美不僅是視覺上的享受，更是心靈的共鳴。就像「彩」的妻物，每片葉子，每根樹枝都經過精挑細選，枝葉的顏色、形狀、長短也非常講究，深山裡的老人家一邊散步一邊創造他們的財富，將最美的四季風景空運到全日本，再經過廚師精心擺盤，打動旅客的心，旅客還會把那份感動透過各種管道傳播出去，最後變成永恆的回憶。

上勝町的村民不但絕處逢生，賺取有形財富，更為整個日本創造無形價值。誰能料到一九八一年那最後道寒流，竟然逼出上勝町最炫目的色彩？

要創造美學經濟必須天時地利人和，看似被大自然遺棄的一枝一葉也能化腐朽為神奇，同時創造自己與別人的幸福；上勝町是日本第一個「無垃圾宣言」小鎮，這是他們的驕傲，也是值得研究的成功案例。

回歸生活本質

Face 39

所有的設計最終還是要回歸生活本質，
因為所有的心法都來自生活。

所有的設計最終還是要回歸生活本質，因為所有的心法都來自生活。

政大管理科學研究所李仁芳教授認為能夠培養大師級設計師的國家，既不是「科技大國」，也不是高國民所得的「富裕大國」，或是台灣這種「工作大國」；他歸納出一個最大公約數，設計的沃土必來自「生活大國」：如日本、義大利、泰國。

二〇一九年勞動部公布主要國家的工時排名，台灣是全世界近四十個主要國家工時第四高的國家，僅次於新加坡、墨西哥、哥斯大黎加。為什麼每天工作這麼努力，時間這麼長，痛苦指數還是居高不下？

天下雜誌出版的《創意亞洲現場——探索十大設計師創意力》，作者官振萱小姐親自訪問十位當今亞洲最頂尖的設計師，探索他們的創意力，書中提出許多精闢見解。

例如「無印良品」最受歡迎的壁掛式CD Player，就是日本工業設計師「深澤直人」的作品，他把東方美學發揮得淋漓盡致，被譽為電子產品當代第一人。

出身山梨縣的深澤直人，從小喜歡到處亂晃，東看看、西瞧瞧，研究身邊的人在做什麼？他認為環境決定設計，在環境的主宰下，設計師要學習謙卑，因為設計是為使用者服務的工具，而不是表現設計師自己的工具，設計必須符合使用者的生活，不是設計師的生活。

深澤直人還提醒年輕設計師，千萬不要一直想著賺錢，「這樣會讓這個世界變得很危險；也不要一直想著設計，同樣也會讓世界變得危險。」

那要怎樣才不危險？深澤直人的答案是「生活，生活才是本質。」

你看到的每一件作品都是生活的總和，為什麼選這個主石不選那個？為什麼線條要往這邊彎不往那邊繞？為什麼只配一個顏色不多配幾個？為什麼

「盼望」，
碧璽翡翠祖母綠剛玉黑瑪瑙鑽石兩用針墜。

K金要鍍成鉛筆灰不鍍成黑色？所有的答案都來自生活的累積，現在所做的任何決定都是漫長的養成過程。

如果你看過希臘湛藍的海洋與天空，就會知道所有藍色寶石都被希臘眾神吻過。如果你記得寒冬凌晨，縮著身體在義大利車站喝到那杯又濃又熱的巧克力滋味，就可以讓金屬發出溫暖光澤。

一個樂於生活的設計師，一定能在細微處看見大千世界，一道光，一片樹影，一滴露珠，一朵花開，一個回眸，一抹微笑，都可以幻化成心中最美的風景，端看我們對生活的態度，先找到心，就會找到法。

我喜歡保留寶石天然的美，不論光芒萬丈的鑽石或溫潤入懷的玉石，信手拈來，渾然天成，是設計的最高境界；完成的作品沒有突兀、沒有勉強、沒有違和，即使有規則也看不見規則，有設計也看不到痕跡，我一直希望自己的作品能達到這種境界，像大地山川，如天邊浮雲，日落月升，潮來潮往，應無所住。

Part 5

設計的繆斯——珠寶作品賞析

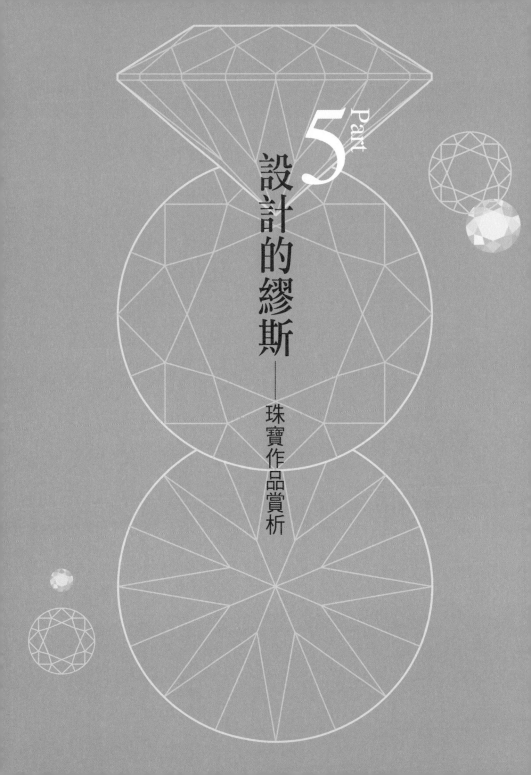

錯愛

Face 40

如果能在對的時候遇到對的人，
你愛的人也愛你，是上帝的垂憐，
請一定一定要好好珍惜。

《失樂園》是由日本小說家渡邊淳一原著改編的電影，請來役所廣司與黑木瞳分任男女主角，這部戲也讓他倆紅透半邊天，電影最後兩人相約到輕井澤別墅，用瑪歌堡紅酒服下毒藥，緊緊相擁而亡。

「彼此像直到未來永劫卻不分離般緊密相擁」，小說如此寫道。

從一九九八年第一次正式個展開始，「失樂園」、「鐵達尼號」、「祕密花園」、「心靈捕手」等電影系列，是我轉型為獨立珠寶設計師初期的代表作，替每件珠寶作品命名、寫詩、寫故事，大概是這個時期的創作特色。

「錯愛」

1998 年失樂園系列，
橄欖石、紫水晶、鑽石別針。

我的每件珠寶作品都有名字，失樂園系列的「錯愛」是以白K金做出兩道如筆墨交叉的X型圖案，在對角四個空格鑲上兩對互望的紫水晶、橄欖石，大膽選用深紫與豔綠兩種強烈顏色來表現這段生死交纏的愛戀。電影系列很容易打動人心，每部電影我都選出一個代表符碼，失樂園的符碼就是「交纏」。

〈失樂園〉是十七世紀英國詩人約翰．米爾頓三大詩作之一，內容取自舊約聖經，敘述魔鬼撒旦因叛變被打落地獄，為了報仇，潛入上帝創造的伊甸園，誘惑亞當和夏娃偷吃禁果，人類從此被逐出伊甸園，必須以死亡和信仰求得救贖。最後撒旦不但無法復仇，反而墮入更黑暗的深淵。到了二十世紀的日本，渡邊淳一以小說描寫一對面對青春即將逝去、未來無望的男女，寧願在地獄與愛人相擁，也不願在天堂一個人孤獨的禁斷之愛。

從史詩、小說到電影，所有的創作在作品完成之後都不再屬於作家或導演，而是活在讀者、觀眾的心中，命運的交纏沒有什麼道理，遇上就遇上，如果能在對的時候遇到對的人，你愛的人也愛你，是上帝的垂憐，請一定一定要好好珍惜。

鯨魚在唱歌

Face 41

不要害怕奇形怪狀，
也不要害怕自己與眾不同。

一九九九年九月，世貿國際珠寶展有個「另類珠寶」票選比賽，我個人不喜歡為了比賽特別設計的作品，就是那種放在人型陳列檯上或戴在模特兒身上，張牙舞爪，一不小心就會刮傷人，只可遠觀不可褻玩的作品。既然決定要參加比賽，就非常認真思索到底什麼是另類珠寶？靈機一動，突然想到如果能結合作家與設計師雙重身分的作品，應該也算另類吧？當時我剛剛出版散文集《鯨魚在唱歌》，由此發想，設計一件和散文同名的別針「鯨魚在唱歌」，特別挑選一顆藍灰泛銀光的天然巴洛克南洋珠當成鯨魚的身體，請工廠師傅用藍、白色水晶磨出鯨魚尾巴，白色霧面水晶做成浪花，點綴微微顫動的鑽石如水花濺起，表現小鯨魚開心歌唱的感覺，整件作品活潑靈動，最後真的得到票選第一名。

巴洛克是指不規則的變形珠，不論南洋珠或無核珠，一直都是我很喜歡而且常常使用的材料。歐洲文化史的「巴洛克」泛指十七世紀至十八世紀上半葉（約一六〇〇年至一七五〇年）風行於歐洲的一種藝術風格，上承文藝復興，下接新古典主義、浪漫時期。巴洛克畫家的典型代表是魯本斯（Peter Paul Rubens），畫作中的人體姿勢激烈大膽，色彩鮮明，特別強調光影變化，喜歡把人物臉部放在光亮的位置，再利用周圍的陰影形成強烈對比，如同舞台戲劇效果。巴洛克建築的特徵是不規則的波浪狀曲線和反曲線，這些產生動感的元素，是所有巴洛克藝術最重要的特徵。

我喜歡挑戰各種不規則的巴洛克珠，應該也是企圖在一個小小的舞台上創造最大的戲劇效果。雖然評斷一顆珠子的標準是夠不夠大？夠不夠圓？我還是相信每顆珠子都有屬於自己獨一無二的特質。不要害怕奇形怪狀，也不要害怕自己與眾不同，巴洛克也可以翻成「異形珠」而不是「變形珠」，透過不同角度找出最美的一面，再賦予無窮想像力，就會變成愛唱歌的小鯨魚，優游在廣闊無邊的大海。

「鯨魚在唱歌」

1999 年美麗人生系列，南洋珠、水晶、鑽石別針。
獲 1999 年世貿國際珠寶展另類珠寶票選第一名。

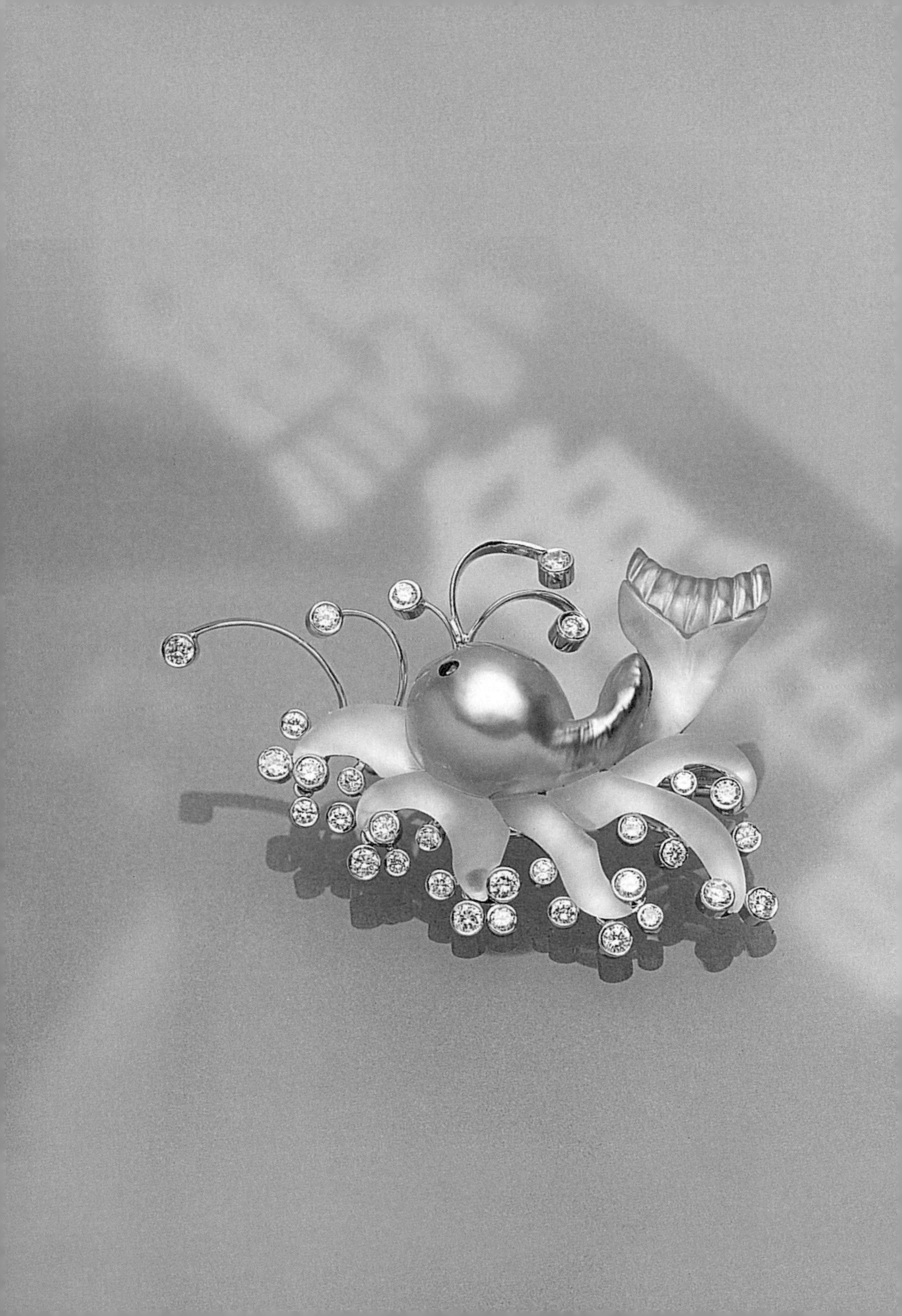

花影邊境

Face 42

不論外面的世界如何動盪不安，
都要找到心中的和諧。

那一天你要聽到鳥般的歌唱，
那便是我靜候著你的讚賞。
那一天你要看到凌亂的花影，
那便是我私闖入當年的邊境。

「人間四月天」系列之「花影邊境」，靈感來自林徽因的詩〈那一晚〉。一九二三年胡適、徐志摩、聞一多、梁實秋等人創立「新月社」，這個文學團體的名稱源於泰戈爾散文《新月集》。新月社的成立，造就一批新月派詩人，對中國新文化運動產生重大影響。我也很喜歡新月派的詩，因為注重格律，讀起來語音、意境皆美，有一種浪漫的抒情，常常被我節錄引用。

當時讀到「那一天你要看到凌亂的花影，那便是我私闖入當年的邊境。」被這段文字狠狠觸動，腦中浮現新藝術風格（Art Nouveau）的畫面，設計了幾件別針。

新藝術風格的線條流暢活潑，常常出現不對稱的裝飾，造型大多取材大自然各種動物、昆蟲、花卉、植物，尤其是彎曲纏繞的藤蔓圖案。

我用珠貝或透明無色翡翠象徵月光，隱隱閃爍的光暈映襯月光下凌亂的花影；另一側搭配各種材質的寶石，有時是綠色翡翠，有時是橘紅色火蛋白石，每件作品的主石、配石都不相同。這個造型很受歡迎，隔一段時間就會推出各種復刻版；巧的是「花影邊境」的收藏家都是藝術家或文青朋友，有一種相知相惜的默契。

一九二八年，二十四歲的林徽因在東北大學擔任建築系教授，第一堂課她對學生說：「美，就是各部分的和諧，不僅表現為建築形式中各相關要素的和諧，而且還要能表現形式與內容的和諧。」

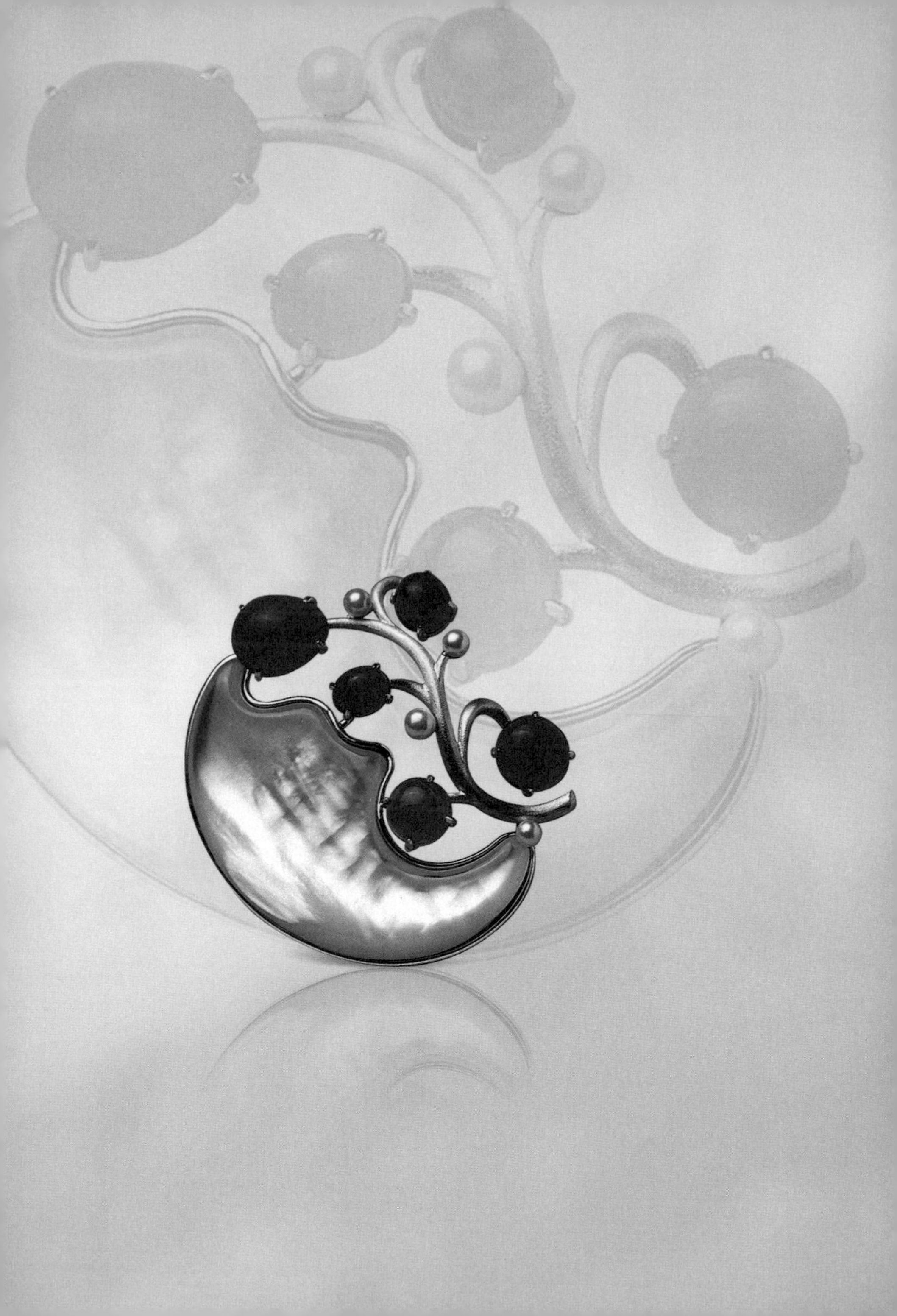

我就是用這個概念設計「人間四月天」，將幾位主角的個性與寶石的特性結合，再搭配造型，達到形式與內容的和諧。

和諧是一種很美妙的境界，我們可以從文學、詩歌、建築、繪畫、音樂、舞蹈、攝影體會這種感覺，不論外面的世界如何動盪不安，都要找到心中的和諧，這種和諧常常就是心的嚮往，如果你還沒找到，可以培養某種喜愛或興趣，很快就會找到這種體驗。

「花影邊境」

2000年人間四月天系列，
火蛋白石、珍珠、珠貝別針。

苔

Face 43

將設計重點回歸珠寶本身，
沒有規則，不受拘束，
完全自由發揮。

若以三十年的工作生涯計算，二〇〇七年已經進入珠寶業第十六年，這條路剛好走到一半，當時很想辦一次不一樣的個展，推出「自由之翼」系列，Slogan 是「因為自由，哪裡都能去」，將設計重點回歸珠寶本身，自由發揮。

那一年我重返文壇，開始在各報章雜誌大量發表文章及攝影，頭銜是作家珠寶設計師，珠寶作品除了搭配詩文還會與攝影一起出現。「自由之翼」系列的「苔」，是一件令人印象深刻的作品。

翡翠（Jadeite）講究種、色、水頭。「種」指質地，質地越細膩，結晶顆粒越緊密越好，最好的就是像玻璃的「玻璃種」。

「色」指顏色，翡翠的顏色非常豐富，紅、橙、黃、綠、紫、藍、青、白、黑、無色等等，單就顏色而論，綠色翡翠最為貴重。

「水頭」指翡翠的透明程度，越透明越好；當光線通過翡翠表面，以進入內部再由內部反射出來的過程，用一分水、二分水、三分水來形容光線進入翡翠的深度，越深表示水分越多，透明度越高。

「苔」的主石是一塊長方厚片翡翠，滿綠是這塊主石的優勢，質地算是不錯的糯冰種，就是水頭不夠好；面對這樣的材料，我的任務除了凸顯顏色的優勢，還要面對水頭不夠通透的事實，雖然是很大的挑戰，但我認為一個好的設計師應該設法將缺點轉化為優點。這塊翡翠內部的晶體像古寺牆角幽微安靜的青苔，有一股沁著歲月痕跡的神祕之美。有了靈感，我選擇沉穩安靜的裝飾藝術 Art Deco 風格，用幾何造型的黑瑪瑙、鑽石圖案襯托綠色翡翠，下擺點綴一顆水滴形鑽石，微微晃動，破解 Art Deco 有時太過呆板的對稱線條，搭配日本松島瑞巖寺的照片，完成這項挑戰。

身為特別重視對稱與平衡的天秤座，實在難以抗拒 Art Deco 迷人的優雅

風格。Art Deco大膽的配色也是令人過目難忘的原因。例如將黑瑪瑙磨成各種形狀，類似鏡框或相框，突顯主石顏色，加強整件作品的輪廓，發揮畫龍點睛的陪襯效果，讓珠寶從飾品變成藝術品；或用紅豔豔的珊瑚配青金石，充滿埃及東方意象；至於印度風，最常見的是將紅藍寶、祖母綠搭配珍珠，洋溢英國殖民地的貴族氣息，特別吸引歐洲王室及現代的收藏家。

紅葉雖美，黑瓦白牆邊的青苔，也頗具日式庭園妙趣，深深吸引旅人的眼光。安安靜靜守在牆角的青苔，管它如何改朝換代，兵馬倥傯，與四百多棵古杉共存天地之間；這些數以億計的青苔，悠然度過它們平凡的一生，明月清風，寧靜淡泊，何必計較誰是主角，誰是配角。

一石一景，如同一砂一世界，由小見大，方寸之間鉅細靡遺，即使是一小片青苔，也嗅得出雨露的芬芳，看得見歲月的幽微光亮。

當初這樣描寫松島瑞巖寺的「苔」，直到今日我仍深愛可以是主角也可以是配角，寧靜淡泊的苔。

「苔」

2007年自由之翼系列，
翡翠、黑瑪瑙、鑽石墜。

京都之心

Face 44

如果能靜下來好好關照自己的心，
體悟了，就會有很多新發現。

人除了出生的故鄉之外，還需要心靈故鄉，一個可以讓自己的心安歇的地方，京都就是我的心靈故鄉。

歲月流逝，濾淨所有雜質，純粹之粹，鑄成一顆令人傾往的京都之心。春櫻、夏綠、秋紅、冬雪，四季更迭美不勝收，不論文學創作或珠寶設計，不斷觸動我的心靈，激發許多靈感。

京都的建築很美，不論古剎或町屋，園林或庭苑，咖啡館或甘味處，美術館或紀念館，車站或學校，再加上季節變化，看它千遍也不厭倦。

我常常在演講的時候說，日本人遇到人生大事，必須做重出大決定時，

「京都之心」

2009 年京都之心系列，翡翠鑽石墜。

通常會跑去京都找個庭園或寺院角落安安靜靜坐著「洗心」；少則一天半載，多則數日。洗心之後就知道該不該換工作、換戀人或換老婆、老公，每次都把聽眾逗得哈哈大笑！洗心自有其道理。衣服髒了要洗，心汙濁了也要洗。

我們是不是忘了停下腳步感受清風吹拂的舒暢？聽聽雨打葉梢的聲音？看看日暮歸燕飛過天際美妙的弧線？唱唱曾經最愛的歌曲？問問自己快不快樂？想想過去、想想現在、想想未來？若能靜下來好好關照自己的心，就會有很多新發現。看了三天的枯山水，撥開迷霧之後已經是另外一個世界。王國維曾在《人間詞話》說：

古今之成大事業、大學問者，必經過三種之境界：「昨夜西風凋碧樹。獨上高樓，望盡天涯路。」此第一境也。「衣帶漸寬終不悔，為伊消得人憔悴。」此第二境也。「眾裡尋他千百度，驀然回首，那人卻在，燈火闌珊處。」此第三境也。

京都之心就是見山是山，見山不是山，見山又是山的境界。

冬雪

Face 45

金子就是金子，即使埋在沙堆，
歷經歲月淘洗，終會脫穎而出。

二〇一〇年個展「光影紀行」，印在邀請函的四季組曲當中有一件「冬雪」，是我的私藏。

這對散發神祕霓虹色彩的帕拉伊巴藍碧璽（Paraiba Tourmaline）鑽石耳環「冬雪」，由兩顆圓形小碧璽加上一對水滴型藍綠大碧璽組成，共四．三六克拉，用六十顆馬眼鑽及一百七十八顆圓鑽鑲成晶瑩剔透的雪花耳環，藍白相間，如冬雪純潔寧靜，只要看過一眼就永生難忘。這種令人驚豔的寶石早就名揚國際珠寶市場，可惜當時在台灣尚未受到應有的矚目，有行無市。

後來我發現《櫻桃小丸子》的作者櫻桃子女士也很喜歡珠寶，尤其是帕拉伊巴，她寫過一本《桃子的寶石物語》，第一篇就是帕拉伊巴碧璽之卷，形容帕拉伊巴「這種既不是天空又不是大海的顏色，就是地球的藍色啊！」她的兒子竟然也在不同場合說了一模一樣的話，母子不約而同都喜歡這種藍色。

《櫻桃小丸子》這部漫畫的背景設定在一九七四年左右的日本靜岡縣，那年我十一歲，與漫畫中的小丸子差不多年齡，也是三代同堂，和我的原生家庭非常相似，櫻女士曾向媒體透露《櫻桃小丸子》的內容不是虛構，而是改編自她的童年往事。我非常喜歡香菇頭、穿著紅色吊帶百褶裙，活潑率真的櫻桃小丸子，得知作者櫻女士也喜歡珠寶，倍感親切。可惜一手打造小丸子的櫻女士不敵乳癌，於二〇一八年病逝，享年五十三歲。出生於一九六五年的她比我還年輕，噩耗傳出，震驚全球丸迷，我難過了好久，因為我們之間還有另一條紐帶，就是珠寶。

Paraiba 原本專指九〇年代產於巴西帕拉伊巴州的碧璽，它的顏色如霓虹般藍綠交織，神祕亮麗，如果品質優良，現在一克拉的行情單價高達數萬美

「冬雪」

2010 年光影紀行系列，
帕拉依巴藍碧璽、鑽石耳環。

金，因為越來越受歡迎，再加上產量稀少，已經出現非洲產的帕拉伊巴，如果品質達到像巴西出產的等級，有些證書就會打「Paraiba Type」。

這個世界有三千多種礦物，只有五十種可以稱為寶石；寶石有很多種藍色，只有帕拉伊巴才有霓虹般藍綠交織，獨一無二的藍。金子就是金子，即使埋在沙堆，歷經歲月淘洗，終會脫穎而出。

櫻桃子女士有顆「散發清澈光輝」的帕拉伊巴，當時她可是連兒子都不肯讓，堅持要據為己有。我的這對「冬雪」耳環也是在保險箱進進出出，每次都捨不得割愛，有時侯拿出來展示一下，或與同好分享，趁夜深人靜又偷偷放回保險箱，也是連女兒都不肯讓的寶貝，我猜櫻桃子女士一定也是這樣。

嵐山秋霧

Face 46

有時候生命像是一場豪賭，
翻開底牌才知最後輸贏，
一如礫背蛋白石。

日本人認為蛋白石象徵「人生成就」，人人都想擁有，而且最好由別人餽贈，可以得到更多祝福。

我一直對蛋白石情有獨鍾，尤其是礫背蛋白石，礫背蛋白石的背面有一層遊彩蛋白石自然接合在鐵礦母岩中，看似平淡無奇的石片一翻身卻是令人驚喜、七彩繽紛的迷人寶石。「遊彩現象」就像萬花筒，完全沒辦法預料下一刻會產生哪種絢爛繽紛的花樣，而且遊彩現象不僅僅只是對稱或重複的圖案，它的千變萬化皆是大自然獨一無二的奇蹟。

「嵐山秋霧」

2013 年璀璨詩韻個展，
礫背蛋白石、彩剛玉、碧璽、尖晶石、
月光石、鑽石、丹泉石套鍊。

有時候生命像是一場豪賭，翻開底牌才知最後輸贏，一如礫背蛋白石。在我設計的蛋白石作品中，二〇一三年「璀璨詩韻」系列的「嵐山秋霧」，將秋遊京都的美好的回憶永遠留在人間。

比起常常令人追到瘋狂，只要一陣春雨就不得不結束的賞櫻週，長達一個月的秋天紅葉狩才是日本國內最重要的旅遊旺季。

平安時代的貴族很喜歡到嵐山一帶賞紅葉，渡月橋、天龍寺、野宮神社、常寂光寺、二尊院、大覺寺、化野念佛寺、嵯峨野竹林、落柿舍、清涼寺、祇王寺都是賞紅葉的名所。

臨濟宗大本山天龍寺一年四季遊客如織，尤其春秋兩季更是人潮洶湧，還是值得慢慢遊賞，特別是國師夢窗疏石禪師設計的「曹源池」。曹源池是現存最早的「池泉迴遊式庭園」代表，依然維持七百年前的風貌，迴遊式表示可以在庭園中遊走散步，這種組合庭園、池水、石組的手法影響後來的枯山水。我最佩服曹源池的借景手法，旅人可以坐在廣緣長達三十公尺的大方丈庭園觀賞眼前的枯山水砂洲，池中錦鯉優游，倒影四季皆美；借景近處的龜山，遠處的嵐山，也是隨著季節更替顏色。

後來我又遇見一塊比「梵谷的星空」更厚更重的礫背蛋白石，當時浮現腦海的設計圖就是秋天清晨被薄霧籠罩的曹源池，我把葉片狀的剛玉、碧璽倒過來變成樹木「種」在蛋白石周圍，金、紅、橘、黃、綠等等全部是秋天的顏色。下方用一塊不規則長型月光石象徵曹源池，池邊幾棵樹的倒影是微微晃動的咖啡色鑽石。最後大膽運用對比色，配上紫色的丹泉石（坦桑石）珠串，經過精密計找出重心，配戴起來猶如欣賞一幅畫作，就像一個人靜靜坐在大方丈，望向曹源池的角度，遠方青山如黛，前方楓紅晨霧層層掩映，池畔倒影水光瀲灩，如詩如畫。

這件作品現在應該遠在紐約，不知道我的收藏家是否去過嵐山？到過天龍寺？看過曹源池秋天清晨如夢似幻的薄霧？

月光戀曲

Face 47

月光下，
我記得，
那是一種嚮往愛與美的情懷。

二〇一三年由香港雲頂有限公司贊助的個展「璀璨詩韻」，是一場規模盛大的活動。

展出場地選在艾美酒店「寒舍空間」，展前不斷開會，經過一次又一次討論，除了特別訂製珠寶櫃，現場的動線、燈光、音響、花藝布置，甚至還將一個小區布置成藝廊中的藝廊，掛上我的攝影作品，每天下午還在這個小藝廊安排法意館花藝教學、指甲彩繪課程，分散參觀人群。展期當中還特別邀請珠寶相關科系的師生前來參觀，由我全程導覽。

「璀璨詩韻」用五組詩文搭配五大類珠寶，分為：星、月、彩、雲、飛。其中的「月」系列大膽選用冷門的月光石（Moonstone）。

月光是一首長長的　慢慢的戀曲
你要像等待季節一樣
隨著花開花謝　春去秋來
才能聽到最美的聲音　看到最美的顏色
夢幻的　迷離的光暈是月的音符
譜成一首高高低低的戀曲
你要像等待季節一樣
隨著日落月昇　潮來潮往
才能聽到最美的旋律　看到最美的風景

月光石是正長石（Orthoclase）的一種，當光線進入月光石之後會從不同方向散射，產生藍色至白色如月光一般的光暈，這種「青白光彩」現象是

「月光戀曲」

2013 年璀璨詩韻系列，
月光石、藍寶、鑽石多用套鍊。

月光石最迷人的特徵。一整套的「月光戀曲」由藍寶及數百顆小小的月光石組成，整件作品蒙上一層夢幻迷離的藍暈，點綴以鑽石鑲成心型與蝴蝶，譜成一首浪漫幸福的世紀戀曲。

這套作品包含大套鍊、耳環、戒指、手環，大套鍊可拆卸成吊墜、項鍊，耳環的主石取下後可以鉤在大項鍊上，也可以單獨當墜飾佩戴，可奢華可日常，巧妙轉換，自由搭配，完全符合現代女性多種穿搭佩戴的需求，也是我的設計目標。

席慕蓉大姐為「璀璨詩韻」系列集寫了一篇序，當中也特別提到「月光戀曲」，節錄如下：

> 還有一種繁複，譬如在月光石的系列裡，有一串層疊交纏，細細密密串起的項鍊，晶瑩的顆粒間，又加上了許多不同材質不同造型的寶石，好像設計者希望把人間所有的幸福觸動都盡可能地聚集在一起，把所有美好的剎那都織成珍寶，彼此相會於頸間於胸前，於一個端麗的女子的心懷之上⋯⋯

我想，這幾乎就是設計者自身的信念與執著了。

只為，對美，我們的愛慕可以永無止境，而在每個人的一生裡，多希望，幸福真可以不斷地重複。

「璀璨詩韻」那次的個展之所以能夠成功，就像「月光戀曲」這件作品，用了好幾百顆小月光石、鑽石，全部凝聚在一起才能產生那麼大的力量，散發迷人的光暈。

月光下，我記得，那是一種嚮往愛與美的情懷。

朧月夜

Face 48

愛與不愛都需要勇氣，
如飛蛾撲火愛到義無反顧，
或彼此祝福各自兩寬，
先放手的人也許愛得更深。

有一群長期供應材料的廠商知道我喜歡各式各樣特殊寶石，常常會送來讓我挑選。有一次看到一片被磨成透亮微凸的白色玉髓（Chalcedony），這片玉髓半透至次透明，肉眼可見隱隱約約不規則帶狀天然紋路，就是大家熟悉的瑪瑙（Agate），宛如夜空中高掛的明月，散發淡淡光暈，讓我馬上聯想到《源氏物語》女主角之一的「朧月夜」。

基本上《源氏物語》的女性原本都沒有名字，皆以出場狀況得名。第八帖〈花宴〉描寫醉醺醺的男主角光源氏賞櫻夜宴散曲之後，聽到有位女子吟唱〈朧月夜兮不可擬〉，因為這首和歌，女方就被稱為「朧月夜」。當時光源氏不知女方是誰，一夜春宵雙方交換扇子離去，這段月光下邂逅的戀情一糾纏就是二十年。

拿到這麼有意思的材料，當然要將寶石特色發揮出來。把透明或半透明的白玉髓當成背景，在上面垂掛不同形狀、材質的主石，有各色翡翠或台灣藍寶，越透明越好，才有沐浴月光中的感覺。主石個頭不能太大，能在玉髓上左右微微晃動為佳，表現「黎明殘月何處覓，無限惆悵心孤寂」的相思情意。這兩句是光源氏隔天找不到朧月夜，寫在朧月夜扇子上的和歌。

朧月夜一生被光源氏死纏爛打、苦苦追求。她身分特殊，既是朱雀帝的後宮，光源氏的嫂嫂，也是光源氏政敵右大臣的六女兒；色膽包天的光源氏真是不知死活，愛慕朧月夜這件事被朧月夜的四姊弘徽殿太后發現，弘徽殿太后早就對光源氏懷恨在心，終於逮到機會把光源氏流放到遙遠的須磨明石海邊，人生勝利組光源氏第一次受到挫敗，度過生命中最黑暗的一段日子。

放逐兩年半之後，光源氏才回到京都，朱雀帝雖然原諒兩人，但朧月夜

心中依然愛著光源氏，一直到二十年後朱雀帝退位出家，朧月夜回右大臣娘家與四十歲的光源氏舊地重逢，兩人舊情復燃，但人事已非，戀情再度夭折，七年後朧月夜出家為尼，徹底斬斷這段孽緣。

「朧月夜」系列在二〇一三年「璀璨詩韻」推出時，就一直很受歡迎。以白玉髓為底，面上用小鑽石勾勒幾道雲紋，邊緣鑲上隱隱發亮的小鑽，更能襯托美麗的主石，隨著佩戴者身姿微微搖曳，風情萬種。

《源氏物語》比《紅樓夢》早了七百年，是日本「物語文學」顛峰之作。「原來奼紫嫣紅開遍，似這般都付與斷井頹垣，良辰美景奈何天，賞心樂事誰家院」。由盛而衰的荒涼蒼圮，早就織進歲月華麗的卷軸。

《源氏物語》表面上講的是光源氏的風流史，事實上是一部平安朝宮鬥劇。愛與不愛都需要勇氣，如飛蛾撲火愛到義無反顧，或彼此祝福各自兩寬，先放手的人也許愛得更深。

不管你喜不喜歡風流的光源氏或癡心的朧月夜，一千多年了，故事還沒說完。

「朧月夜」

2013 年璀璨詩韻系列，
翡翠玉髓鑽墜。

彩蝶飛

Face 49

雖然蝴蝶的生命就像夢境一樣短暫，
因為短暫，也是另一種珍惜生命的極致表現。

錦瑟無端五十弦，一弦一柱思華年。
莊生曉夢迷蝴蝶，望帝春心託杜鵑。
滄海月明珠有淚，藍田日暖玉生煙。
此情可待成追憶，只是當時已惘然。
——唐，李商隱〈錦瑟〉

「莊生曉夢迷蝴蝶」出自《莊子．內篇．齊物論》，莊周夢見自己變成一隻快樂飛舞的蝴蝶，這夢在黎明破曉前驚醒，醒後莊周發現自己還是莊周。「莊生曉夢」只用了一個「迷」字，就道盡千言萬語，足以參透一生。李商隱的「此情可待成追憶，只是當時已惘然」更是千古絕唱。

「蝴」與寓意吉祥的「福」諧音相近，寓意吉祥。另有一說是蝴蝶與「無敵」發音相近，代表可以戰勝任何困難，趨吉避凶，所以很受歡迎。而且台灣曾有「蝴蝶王國」之稱，根據維基百科統計，台灣的蝴蝶種類曾經超過四百種，與北方鄰國日本相比，日本的面積雖為台灣十倍，台灣的蝶種密度反而是日本的十餘倍，大概歸因於島嶼地理與地形上的特殊性。因台灣位於北回歸線之上，北屬亞熱帶氣候，南屬熱帶氣候，隨著高度的遞增，中央山地又有溫帶和亞寒帶等氣候，形成多元複雜的蝶相。

從一九九八年開始，我的作品一直出現蝴蝶這個造型，希望可以呼籲世人尊重大自然，期待有一天可以在台灣看到數百種蝴蝶復育成功。

二〇一三年三月完成「璀璨詩韻」個展後，年底又參加台北世貿三館「台灣珠寶首飾展覽會」，這是UBM亞洲博聞，亞洲最大的展會主辦單位首度在台灣舉辦的珠寶展。我的參展主角就是兩只「彩蝶飛」兩用針墜，那是我首度在作品中運用琺瑯工藝。藍色那只巴掌大的蝴蝶，用白色無核珠做

成身體，必須在很短的時間內迅速把顏料燒到只有金屬框架的「空窗」翅膀上，燒出「薄如蝶翼」的效果，比起傳統金屬底背的景泰藍，加倍困難。最後終於成功打造由上百顆黑、白小鑽鑲成立體的脈紋，加上微微顫動的觸角設計，栩栩如生的蝴蝶。

另外一只黃色翅膀的蝴蝶搭配大紅色阿卡珊瑚，充滿溫暖氣息，兩件作品在台灣、北京、杭州、廣州巡迴展出時，都是焦點。

蝴蝶種類甚多，對設計師而言，不論是造型或配色都可以盡情發揮，是非常豐富的創作題材。我特別在意角度，要能表現翩翩起舞的動感，有時會加上機關，不管是戒指或別針，佩戴時隨著身體產生互動，效果十足，在社交場合即使是陌生人也可以自然的開啓話題，是一種傳遞幸福的美麗媒介。

我很喜歡設計蝴蝶，雖然蝴蝶的生命就像夢境一樣短暫，因為短暫，也是另一種珍惜生命的極致表現。

「彩蝶飛」

2013年璀璨詩韻個展，
無核珠、鑽石、琺瑯兩用針墜。

五福臨門

Face 50

不論五福或七福，只要能鼓舞人心，都是好事。
不論使用哪種材料，從設計到完工，
每個階段都蘊藏我的祝福。

就像蝴蝶的「蝴」與「福」字諧音相近，葫蘆的發音也類似「福祿」，所以蝴蝶與葫蘆這兩種造型常常被設計成珠寶。

葫蘆有兩種與形狀有關的有趣含義，一是葫蘆中間收細的腰部，被稱為「收妖」，可以斬妖除魔防小人。另一說來自葫蘆上小下大，像只進不出的錢袋，當然很受歡迎。

另外就是葫蘆藤蔓的「蔓」字與「萬」字諧音，一個葫蘆的種子可以結出上百個葫蘆，象徵多子多孫多福氣的「子孫萬代」。這些寓意吉祥的圖案深受傳統文化影響，世人莫不希望借助這些「吉言」帶來好兆頭。

我也很喜歡葫蘆造型的翡翠，如果材料充足，會特別設計成「五福臨門」系列。

「五福」源自《書經．洪範》，一曰長壽，二曰富貴，三曰康寧，四曰好德，五曰善終。

日本人信仰的「七福神」是惠比壽、大黑天、毘沙門天、壽老人、福祿壽、辯才天、布袋，這七尊神明會帶來福氣及財運；正月的時候如果將七福神乘坐寶船的圖畫放在枕下，就能夠得到吉利的初夢，如果做了噩夢，第二天要將寶船的圖畫放到河裡流走。

日本的新年「初夢」，現在的普遍說法是從一月一日到一月三日這幾天做的夢，日本人特別注重初夢，是因為初夢會預示新的一年一整年的運勢。

我比較在意如何才能設計出不流俗的作品，稍微婉轉含蓄一些比較有想像空間。二〇一五年這件「五福臨門」乍看之下只有四個冰種葫蘆，第五個葫蘆就是用藍寶、鑽石做成立體線條的大葫蘆，葫蘆與葫蘆之間的空隙點綴青白光彩的月光石，整件作品高低層次分明，深深淺淺的藍色搭配白色寶

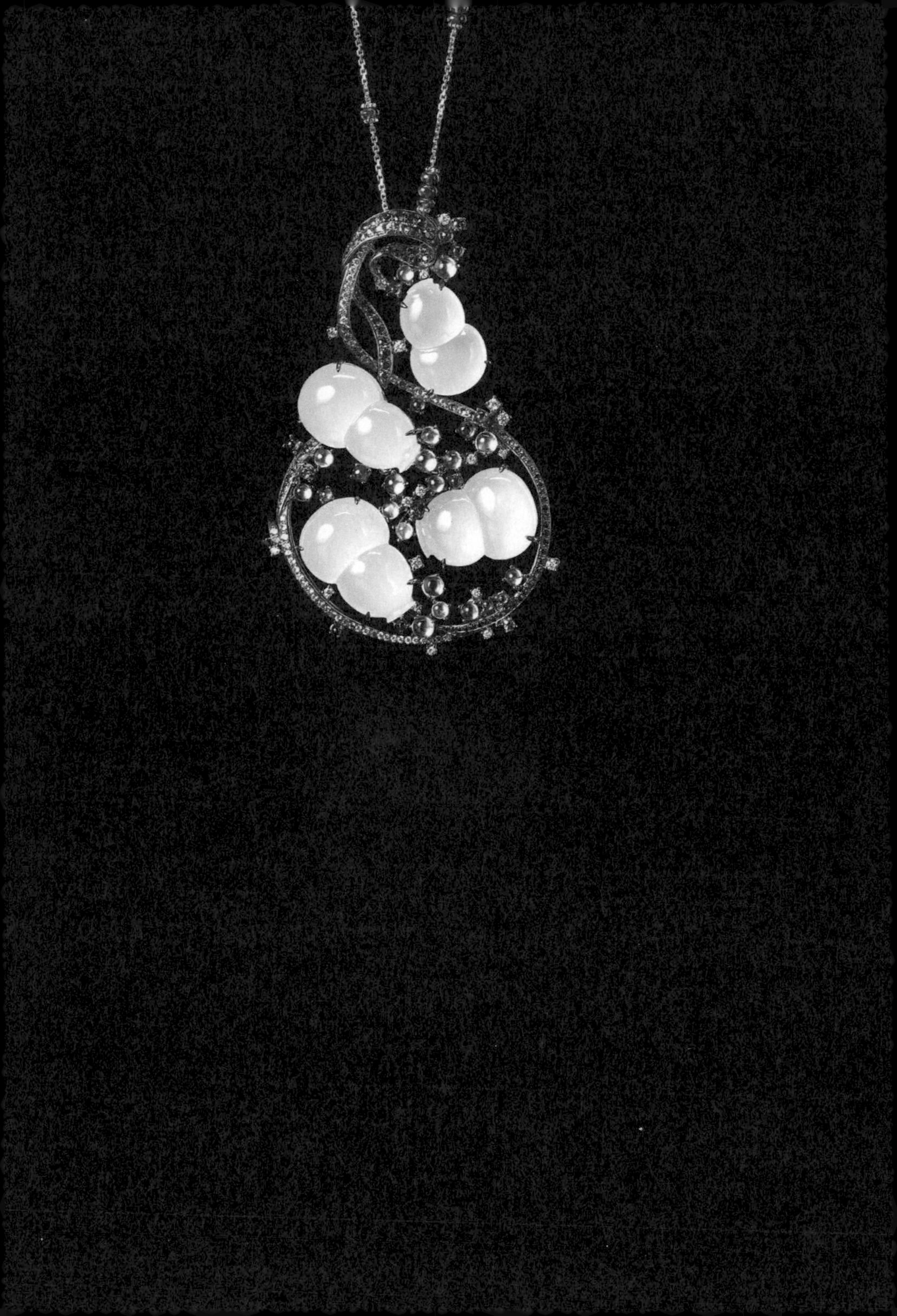

石，打破葫蘆刻板的東方印象，像一件精緻的西洋油畫；這件作品很快就被客人買走，戴在她時髦修長的身上，一點都沒有違和感，證明東西方可以毫無芥蒂的交匯融合。

不論五福或七福，只要能鼓舞人心，都是好事。不論使用哪種材料，從設計到完工，每個階段都蘊藏我的祝福。

「五福臨門」

2015年，冰翡、藍寶石、月光石、鑽石墜。

月湧大江流

Face 51

創作這條路永遠都是孤單寂寞，
面對這個顛撲不破的定律，
走著走著，也就釋懷了。

「星垂平野闊」與「月湧大江流」這兩件作品算是姊妹作，主石都是蛋白石，雖然一黑一白，一大一小，靈感皆來自杜甫的詩〈旅夜書懷〉，而且都在差不多的時間完成。

這兩片蛋白石的遊彩現象就像星光灑落在一望無際的平野或波濤洶湧的江面，閃閃爍爍、隨風搖曳。「星垂平野闊」的主石是大水滴型澳洲白蛋白石，配石選用光面帕拉伊巴碧璽、藍寶，淡淡的粉橘色帕帕拉恰剛玉溫柔婉約，順著大水滴的外圍，鑲出立體層次，簡單大器。

「月湧大江流」主石是形狀不規則的澳洲黑蛋白石，個頭比較小，但顏色及遊彩現象更加繽紛。我大膽搭配鮮豔的紅寶、藍寶、彩色剛玉，再過渡到漸層的淺綠、淺藍、淺黃色帕拉伊巴碧璽。這批帕拉伊巴碧璽已經收藏很久，顏色雖然比較淡，火光卻非常好。設計手法是先用大顆寶石製造出色塊，再用微鑲的手法，將各種顏色的小彩剛玉鑲成立體滾邊，整件作品甜美如詩，閃爍如星河湧動。有一次我的收藏家朋友臨時參加宴會，來不及換晚禮服，只好穿著白天的正裝外套，戴上這件「月湧大江流」出席宴會，她將照片放在網路上分享，話題都圍繞在「月湧大江流」這件作品，沒人發現旁邊坐著一位低胸大禮服的美豔女星，讓朋友得意了好幾天。

「月湧大江流」為什麼這麼美？應該是漸層色的搭配發揮作用。不論是大寶石撐出來的色塊或小寶石鑲成的細邊，因為漸層色配色成功，整個作品呈現一種夢幻情境，有江水湧動，流光瀲灩的臨場感。

要成功表現漸層色需要很多條件配合，首先要有足夠的面積才能感受顏色的深淺或過渡；其次要有足夠的寶石備料，例如要鑲出一片紅色剛玉花瓣，看似只需深紅、紅、粉紅三個顏色，事實上可能用到十幾種大大小小紅

色剛玉，而且工廠至少得準備三十種剛玉材料才夠挑選，備料越多鑲出來的效果越立體、越真實。所以光看漸層色的處理表現，大致就可以推算這個設計師或工廠的實力。

細草微風岸，危檣獨夜舟。
星垂平野闊，月湧大江流。
名豈文章著，官應老病休。
飄飄何所似，天地一沙鷗。

唐代宗永泰元年（西元七六五年）杜甫的好友嚴武突然去世，杜甫失去依靠，帶著一家老小離開成都草堂，乘舟東下，在岷江、長江一帶漂泊。這首〈旅夜書懷〉就是杜甫漂泊江邊抒發的感慨，也是經典之作。他用壯闊雄偉的江水月景，對照懷才不遇的渺小孤寂，短短四十個字，感人至深。創作這條路永遠都是孤單寂寞，飄飄何所似，天地一沙鷗，古來聖賢皆寂寞，面對這個顛撲不破的定律，走著走著，也就釋懷了。

「月湧大江流」

2015年，蛋白石、紅寶、藍寶、彩剛玉、帕拉伊巴碧璽、鑽石墜，巴洛克南洋珠串套組。

舊愛新歡

Face 52

舊愛變新歡，
情深意更重，
是最有意義的資源再生。

大家應該還記得我是如何從珠寶店老闆娘轉型為獨立珠寶設計師吧？因為幫客人重新修改舊珠寶，發現自己最想做的是珠寶設計，一路孜孜不倦，堅持至今。

讓舊愛變新歡，拯救千千萬萬珠寶脫離保險箱的悲慘世界，是我的信念。有時候我會扮演「珠寶醫生」的角色，每當客人找我幫忙處理舊珠寶，我都建議他們儘量把身邊，尤其是鎖在保險箱或丟在抽屜角落，很久沒被臨幸的珠寶、裸石通通帶到我的工作室，一一問診把脈，最後開出藥方。

通常我會把這些珠寶分成幾類依次處理。

第一：馬上確定是非天然的人造寶石、染色、過度優化處理、損害嚴重無法重新修磨處理（有些可以磨小、磨細，甚至磨成不規則狀的都可以再應用）或不適合設計鑲製成首飾的品項，如果是有紀念意義就留下來或送給晚輩，這一類先淘汰。

第二：如果已經有戒指或耳環，我會優先從現有的材料配套，補上墜子或別針；有時候是以材質當成優先考慮的條件，例如已經有鑽石耳環、珍珠鑽石戒指，我會建議客人優先鑲製鑽石墜、珍珠鑽石墜、珍珠鑽石耳環或別針，讓這兩種材質的首飾互相搭配，一下子就會感覺增加很多可用的珠寶。

第三：特別有價值或漂亮、獨特的珠寶也可以優先鑲製，例如早期購入的優質翡翠或當初被當成半寶石的有色寶石，大部分都身價大漲，只要重新設計，就能改頭換面，浴火重生。

第四：將幾件小東西重新設計鑲製成一兩件大東西，例如把三個小戒指改成一套戒指加墜子；最近就有客人G拿了六件舊珠寶給我，我把所有的寶石、鑽石拆掉，改造成兩只G偏愛的尾戒、一套鑽石耳環加墜子、一只別針。

完全針對G的需求及特質，G送來改造的舊珠寶甚至還有國際級大品牌的珠寶，她沒有要求我要保持原品牌的樣子，G要的是獨立設計師針對她量身打造的個人珠寶。

修改舊珠寶也有風險，尤其是在拆卸T鑽、祖母綠、挖底薄片翡翠這種易碎寶石，一定要先跟客人討論溝通，接受過程中可能會發生破裂損耗的風險。我也碰過客人質疑我換了她的翡翠玉片，因為她說她的玉片是馬眼型，我重新設計鑲製交件的玉片卻是橢圓型，幸好工單上寫得很清楚，而且我習慣把舊檯留著，當客人親眼看到原本空檯上的K金爪痕是橢圓型的時候，頻頻道歉。有時候我們的記憶不一定正確，不妨善用現在的智慧型手機，拍照、錄影存證，對雙方都更有保障。

二〇一五年，幫客人設計的懷古翡翠鑽石手環，另外還有一大一小的墜子、戒指，是特別針對母女的需求。這只寬版手環戴起非常俐落帥氣，像腕表一樣可以搭配各種時髦服飾，不會被年輕人嫌棄，兩代人都可以互換使用，將來就是女兒的嫁妝，作品完成後我們所有的人都很滿意。

舊愛變新歡，情深意更重，是最有意義的資源再生。

「舊愛新歡」

2015年，私人定製，懷古翡翠鑽石手環。

Face 53 虛懷若谷

互相觀摩彼此學習，
這種謙謙君子的風範，
就是「有匪君子，如切如磋，如琢如磨」。

「敲之其聲清遠，絕而復起，徐徐方盡」，說的就是和闐玉美妙的聲音。

翡翠專家歐陽秋眉老師在《翡翠選購》書中說道：

從礦物的化學成分和物理性質來區分，玉包括了軟玉玉和硬玉玉兩種，這是法國礦物學家 Domour 給玉的定義。中國和闐玉屬於軟玉玉，緬甸產的玉屬於硬玉玉，又稱為翡翠。

中國古代的玉一直只有軟玉玉一種，因為新疆產有優質軟玉玉，而不產硬玉玉，這種情況一直延續到明清之交緬甸出產的硬玉玉，陸續輸入中國時止。

至今為止，不論是考古出土文物或宮廷珍藏從未發現明代以前有翡翠，所以像《說文解字》的「玉，石之美者。」《詩經．衛風》：「有匪君子，如切如磋，如琢如磨。」孔子：「夫昔者君子比德於玉焉：溫潤而澤，仁也。」

他們說的玉都是軟玉（Nephrite）。

軟玉的質地細膩緻密，很適合雕刻。

距今五三〇〇年前至四〇〇〇年前，發展於長江下游太湖沿岸地區的良渚文化，最主要特徵就是玉器的使用和隨葬，包括大件的玉琮、玉璧、玉鉞。二眼一口的獸面紋玉琮，線條優美、工藝精湛，造型成熟完美，望塵莫及。

現代人最熟悉的和闐玉是白玉的一種，白玉屬軟玉，顏色有白玉、青玉、黃玉和墨玉，以白玉最高。白玉當中又以新疆產的和闐白玉居冠，《天工開物》記載：「凡玉，貴重者盡出於于闐（今之和闐）。」

和闐白玉的上上之選是羊脂白玉，質地細膩色如羊脂，光潤堅韌，柔中帶剛，連敲打的聲音都美到徐徐方盡。

我很喜歡白玉的典雅溫潤，也有一些收藏。我覺得白玉最好能貼身佩戴或常常把玩，比較少用金工鑲製，「虛懷若谷」系列大部分都是白玉綁件，我喜歡搭配珊瑚、琥珀、蜜蠟，大抵就是佛經中，佛陀常常談到的「七寶布施」，金、銀、琉璃、硨磲、瑪瑙、琥珀、珊瑚、珍珠等等材料。有時還會搭配義大利威尼斯琉璃珠及各種銀、銅鎏金小件，請雅芬老師幫忙編織中國結。

雅芬老師本身就是中國結飾專家，她很少接受外面的委託，她肯幫我搭配繩結，因為她說特別喜歡我的配色，常常給她很多靈感。我們倆都一起選擇材料、配件、絲繩，整個桌面五顏六色、眼花繚亂，可是我們一起工作的時候都很快樂，互相觀摩彼此學習，這種謙謙君子的風範，就是「有匪君子，如切如磋，如琢如磨」。

「虛懷若谷」

2016年，白玉、珊瑚、銅鎏金如意靈芝綁件。

紅色情深

Face 54

先想清楚你要的到底是什麼？
千萬不要本末倒置。

二〇一七年，與短篇小說新書發表會一起舉辦的「珠寶情人巡迴展」第一站特別選在高雄新思惟人文空間，從南往北走。「珠寶情人」系列走輕奢華風，最能表現配色溫柔、甜美詩意的作品就是「紅色情深」。

「紅色情深」的主石是深受拍賣會及收藏家喜愛的粉橘色剛玉帕帕拉恰（Padparadscha，或譯為帕德瑪藍寶石）。

帕帕拉恰是梵語蓮花的意思，它和藍寶一樣屬剛玉家族，是剛玉中最稀有的顏色，粉紅帶橘如晨光穿透蓮花的顏色，因此特別尊貴享有蓮花剛玉的名字，是除了紅寶（Ruby）、藍寶（Sapphire）以外，整個剛玉家族中唯一擁有自己名字的剛玉。

剛開始帕帕拉恰的界定十分嚴格，只有產在斯里蘭卡的粉橘色剛玉才能被稱為帕帕拉恰。因為越來越多人想收藏帕帕拉恰，包括馬達加斯加、坦尚尼亞、越南生產，顏色相近的粉橙色剛玉，如果品質夠好，也可稱為帕帕拉恰。雖然現在的帕帕拉恰已經變成一種泛稱，斯里蘭卡出產的帕帕拉恰，價格還是比其他產地高，有些收藏家還是很注重產地。

如果你弄清楚購買寶石的目的，就不會有產地迷失。

產地迷失有兩種現象，一種是指到寶石產地，例如泰國、緬甸就忍不住想買。我的建議是如果花小錢買個紀念品還可以，千萬不要衝動花大錢，除非你是行家或有信得過的專家帶路，否則好的寶石一定有長期合作的供應商，怎麼可能輪到匆匆來去的旅客或陌生人？

第二種迷失是指購買寶石，證書上是否要有產地或一定要買某個產地的寶石，例如上面說的帕帕拉恰，是不是一定要買產在斯里蘭卡的帕帕拉恰？

並不是所有有色寶石的證書都會打產地，所以這個問題很簡單，如果你

把這顆寶石當成投資標的，即使不是花大錢，一定要有國際認證的證書，有色寶石最好能標示產地；如果不是投資，基本證書還是要有，其他的條件如產地，就不必太在意。還有一種狀況是例如非洲馬達加斯加產的紅寶，雖然現在的價格比不上緬甸，但這顆紅寶如果顏色、火光俱佳，還是值得投資，寶石如果本身條件不夠好，產地就不重要，有些寶石礦越來越少，也許將來馬達加斯加產的紅寶也會躍上枝頭變鳳凰。

先想清楚你要的到底什麼？千萬不要本末倒置。

「紅色情深」

2017 年珠寶情人系列，
3.54 克拉帕帕拉恰、粉紅鑽石鑽戒。

結善緣

Face 55

此生相遇，
但願都能結善緣，解厄緣，
緣起緣滅都是緣。

「結善緣」這件作品是我很喜歡的作品，線條簡潔有力，底部鏤空，減輕重量之外也能讓視線穿透，產生空氣感。扇面上做出凹凸筆直折線收在尾端四平八穩的金鑽。中置蘭花，枝葉柔軟。當這只別針轉四十五度變成吊墜時，蘭葉尾端懸掛一顆水滴型小鑽剛好垂下，顫顫巍巍。

這件小小的兩用針墜，我總共破了四次局，扇面底部變空，扇摺變成高低上下，用蘭葉把直線變彎曲，扇面傾斜小鑽變正面。就是這些小小的魔法讓一件作品變成每個角度都能玩賞的藝術品，魔法裡面累積多年失敗的經

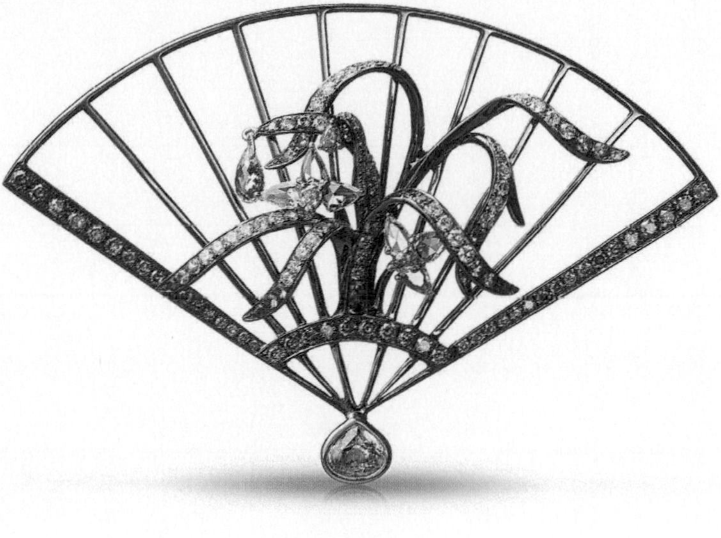

「結善緣」

2017年珠寶情人系列，
彩鑽、剛玉、沙弗萊石、鑽石兩用針墜。

驗，因為不斷的學習、求教、改進，才能變出這麼多的花樣。

偶爾也會有一些同行或學生來找我幫忙解決設計上的問題，也是一種善緣，三人行必有我師，大家都有各自擅長的領域，當局者迷，有時候稍稍調換配石的顏色、位置，或拉長線條，或改變鍍金顏色，就能讓作品起死回生，必要的破壞也很重要。

結善緣還有一個最大的突破就是扇子這個主題。「扇」與「散」字同音，所以戀愛中的情侶特別忌諱贈送扇子、雨傘、鞋子、手帕，怕離散，怕漸行漸遠，怕絕交，怕離別的眼淚。

說起來扇子真的被冤枉了，早在商周時代，帝王出巡時用來遮陽擋風的「翟扇」，就是用雄雉又長又漂亮的尾巴製成，五彩斑斕、氣勢威武，只有皇室貴族能使用。

至於摺扇，反而是北宋時代日本僧侶進貢給宋太宗的禮物。「扇」與「善」同音，為何不正向思考翻轉成結善緣，手帕交？

同行不必相忌、文人不必相輕，此生相遇，但願都能結善緣，解厄緣，緣起緣滅都是緣。

莫內睡蓮

Face 56

窮盡一生努力創作的人，
即使看不見光，也把光留在在作品裡，
永遠存活下來。

如果有機會去巴黎，千萬不要錯過橘園美術館。

橘園美術館原本是杜樂麗花園內的橘樹溫室，由建築師菲爾曼・布儒瓦（Firmin Bourgeois）設計，建於一八五二年，橘園溫室曾經當成倉庫，一九二一年併入國立高等美術學院，才改建為展覽場地。

橘園美術館收藏很多印象派與後印象畫派的畫，館方特別為莫內晚年在吉維尼（Giverny）創作的八幅〈睡蓮〉，量身打造兩個環狀展覽空間，走入白色橢圓形展間，坐在展場中央長椅上，被莫內的〈睡蓮〉三百六十度環抱，

彷彿花園就在眼前。

兩個展間呈現晨曦、雲彩、綠映、黃昏四種不同風格的睡蓮，凌晨天未亮的花園是柔和的粉藍與粉紫；夕陽西下的睡蓮，光影迷離，千變萬化。來到這裡可以站著、坐著、走著慢慢看，遠的近的細細欣賞。

非常幸運，我又碰到一片天然蛋白石，完全就是莫內〈睡蓮〉的翻版，就像多年前那片「梵谷的星空」，都是上帝的傑作。

這件睡蓮的油彩現象幾乎就是莫內印象派的光影重現，我用一片綠色蓮葉襯托主石，一朵含苞待放的睡蓮當成墜頭，另一朵盛開的睡蓮輕輕依偎一旁，底下垂掛一顆天然無燒藍寶，彷彿天空的雲朵又像池裡倒映的水波粼粼。

真正的莫內花園是在巴黎近郊的吉維尼，那邊有一座睡蓮池，晚年的莫內得到白內障，視力越來越差的他，還是每天不斷的畫，據說畫了兩百多幅關於睡蓮的作品。

莫內八十三歲那年右眼動了幾次手術，視力雖然獲得改善，卻因年事已高，左眼不敢再動刀。之後莫內幾乎全盲，作畫必須把眼睛貼近畫布，只能

「莫內睡蓮」

2020 年巴黎系列，黑蛋白石、粉紅鑽、綠鑽、紅寶、藍寶、彩剛玉、綠石榴石、鑽石墜。

靠顏料管上的標示來區別顏色，但是他還是拚了老命完成現在陳列在橘園美術館的〈睡蓮〉連作。

多麼不容易啊！那些先行者，那些窮盡一生努力創作的人，即使看不見光，也把光留在在作品裡，永遠存活下來。

流動的盛宴

Face 57

就像海明威的書可以一讀再讀，
我的珠寶作品也可以一看再看，
千迴百轉，裡面有我的，也有你的故事。

《流動的盛宴：海明威巴黎回憶錄》（*A Moveable Feast*）這本書是海明威在巴黎的回憶錄，他在一九五〇年代寫信告訴朋友：

如果你夠幸運，
在年輕時待過巴黎，
那麼巴黎將永遠跟著你，
因為巴黎是一席流動的盛宴。

「流動的盛宴」

2020年巴黎系列，黑蛋白石、紅寶、藍寶、彩剛玉、綠石榴石、鑽石墜。

一九五七年海明威在古巴撰寫這本書，回憶他與第一任妻子海德莉一九二一至一九二六年住在巴黎的那段歲月。一直到海明威死後三年，一九六〇年才由他的第四任妻子波拉出版。海明威出身記者，文字簡潔卻深具穿透力，書中描寫剛被雨水洗淨的碎石小路、貼著酒標價格的窗口、永遠不會感到寂寞的塞納河畔……，那段很窮很窮卻很快樂的日子，雖然生活困苦、經濟拮据，但是他們因為藝術、文學、朋友與愛卻倍感富足，因為豐富的心靈就是人生的饗宴；因為切切實實活過，回憶將永遠跟隨。

我們現在對巴黎的嚮往或旅行地標幾乎都出現在海明威這本《流動的盛宴》書中，關鍵字如：雙叟咖啡屋、丁香園、河左岸、艾美特、費茲傑羅、大亨小傳、龐德、在地下鐵車站、葛楚·史坦文藝沙龍、喬伊斯、尤利西斯、吳爾芙、畢卡索、香奈兒、爵士年代、純真年代、焦慮年代、失落的一代、老人與海、戰地春夢、西班牙內戰、遠離非洲、莎士比亞書店……等等。

「流動的盛宴」是「巴黎系列」花費最多時間的作品，設計靈感是將巴黎鐵塔的線條與聖母院花窗的顏色融合而成。為了讓線條更立體更有力量，我用兩道九十度垂直的鑽石，像高架橋一樣貫穿整件作品，交叉撐起結構。

再將一塊一塊切割出來的空間用紅寶、藍寶、彩剛玉、綠石榴石、鑽石做出渲染漸層的色塊，想像光線穿過聖母院五彩繽紛的花窗，我們靜靜仰望，時間彷彿靜止，地球停止轉動，只剩下你自己與自己對話，你就是那道發亮的光。

這件作品的完成就是我與巴黎永遠的記憶。

寶石的美是一種足以阻隔世俗的夢幻，在這個現實的世界為自己結界，這個神聖的領域，沒有人可以打擾你。

每個人的生命都是流動的盛宴，過去、現在、未來交織不同的光影。

就像海明威的書可以一讀再讀，我的珠寶作品也可以一看再看，千迴百轉，裡面有我的，也有你的故事。

生命就是一場流動的盛宴，不管你在哪裡，隨時歡迎你赴宴。

「有鳳來儀」，彩鑽戒。

後記

謝謝你還在這裡

《57＋1的鑽石人生》這本書從兩年前交出第一篇初稿，一直到第五次幾乎全部重寫才完成，感謝初期提供協助的美華、佩璇。感謝時報文化出版公司趙政岷董事長，以及由曾文娟總編輯帶領的無敵企劃金多誠、編輯林昕平。我們有一個Line的群組，只要發出訊息，這群娘子軍幾乎都是秒回，文娟總編輯親自參與每一次的校稿，衷心感謝你們為這本書付出的所有心力。

謝謝由曾堯生大哥帶領的大觀視覺顧問為這本書設計封面、內頁美編。大家都非常喜歡的封面其實是將我的兩件作品「巴黎鐵塔星夜燦燦」與「平安花語」用後現代主義手法拆解再組合。如同我寫這本書的心情，必須勇敢面對過去三十年，也要赤裸裸把自己一一拆解再重新組合，這段折磨的過程

「嬌豔」，
紅寶碧璽綠石榴石鑽戒。

我曾數度逃脫，都是被文娟她們搶救回來。

謝謝為我寫序的鄭愁予老師、簡靜惠學姐，他們是我敬愛學習的長輩。韓良憶學姐、李清志教授都是活出典型的人物。能夠得到他們的序是一件非常珍貴的事情，也為這本書增添許多光彩。

至於四十年前就結下緣分的同學梁旅珠，認真看過兩遍原稿才完成的序，更是令人感動。她還記得當年我們一家五口窩居在店面地下室，我自己反而忘記這件事情。現在我相信真的有「選擇性失憶」，可能因為那段回憶太痛苦，我選擇深埋。有誰能想像當年最熱鬧繁華的台北東區珠寶巷，我們住的地下室門一打開就是停車場；停車場旁邊的角落是管理員榮民伯伯搭出來睡覺的行軍床，牆壁上掛滿各種垃圾袋。地上地下兩個世界，從當年那個世界走到現在這個世界，要感謝的人實在太多，包括最親愛的家人，在此一併謝過。

這一路雖然有風有雨，都是為愛付出的代價，更要好好謝謝自己還在這裡。

大事記

一九六三年 出生台灣新北市三峽

一九八六年 台灣大學歷史系畢業

一九九一年 成立珠寶藝術工作室於台北東區

《戲夢人生——李天祿回憶錄》，遠流出版社

一九九四年 參加景薰樓國際藝術拍賣公司開幕特展

一九九五年 電視小說《阿足——台灣的母親》，皇冠出版社

「款款耳語」，蛋白石鑽耳環。

一九九八年　珠寶個展「真愛告白」、「鐵達尼號」、「失樂園」、「秘密花園」、「心靈捕手」等系列——甄藏藝術中心

參加寒舍「翡翠極品特展」開幕展

工作室更名為「曾郁雯的多寶格」

長篇小說《愛情是毒藥》，麥田出版社

一九九九年　作品「鯨魚在唱歌」獲台北國際珠寶展另類珠寶票選第一名

「美麗人生」系列個展——喜來登大飯店

散文《鯨魚在唱歌》，健行出版社

劇本《天馬茶房》獲第三十六屆金馬獎最佳原著劇本提名

歌詞〈幸福進行曲〉獲第三十六屆金馬獎最佳原創電影歌曲

二〇〇〇年　獲得GIA GG（美國寶石研究院．研究寶石學家）

「人間四月天」系列Ｉ個展——台中鶴軒藝術

「花語」系列——二〇〇〇台北國際珠寶展

主持台視訪談節目《火線聊天室》

二〇〇一年　入選蘇富比春、秋拍、佳士得秋拍

二〇〇二年　「藝往情深」系列個展——晶華酒店

「閱讀珠寶」系列個展——皇冠藝文中心

作品入選蘇富比秋拍

珠寶專書《珠寶，女人最好的朋友》，平安出版社

二〇〇三年　「人間四月天」系列II——上海國際珠寶首飾博覽會，台灣設計師藝廊

加入國際扶輪台北北區扶輪社至二〇一二年（44屆至53屆）

二〇〇四年　主持寶島新聲廣播電台FM98.5《幸福進行曲》節目

「帶你去旅行」系列I個展——晶華酒店

「帶你去旅行」系列II國際Hi-END精品展——圓山飯店

「帶你去旅行」系列III——上海國際珠寶首飾博覽會「台灣館」

二〇〇五年　「幸福進行曲」系列個展——遠東大飯店

攝影詩文《今天是幸福日》，圓神出版社
歌詞〈阿嬤的雨傘是一蕊花〉入圍第十六屆金曲獎最佳作詞人獎

二〇〇六年
受邀參加台灣國際蘭展「蘭花工藝展」——台南蘭花生物科技園區
「郁見幸福」系列個展——高雄新思惟人文空間
「曾郁雯的多寶格」遷入新工作室

二〇〇七年
主持中央廣播電台《郁見幸福》節目
「自由之翼」系列個展——晶華酒店
「歲末感恩會」——喜來登大飯店B1寒舍空間
「就是愛珠寶」年度個展暨新書發表會——喜來登大飯店

二〇〇八年
珠寶專書《就是愛珠寶》，皇冠出版社
攝影散文《京都之心》，聯合文學出版社
入選《96年散文選》，九歌出版社
入選《2008台灣飲食文選》，二魚出版社

「紫氣東來」，
蛋面紫、綠翡翠粉紫彩剛玉鑽戒。

二〇〇九年

「京都之心」年度個展暨新書發表會——喜來登大飯店

攝影詩文《光影紀行》，爾雅出版社

二〇一〇年

「光影紀行」年度個展暨新書發表會——喜來登大飯店B1寒舍空間

「光影紀行1」巡迴展——台北喜來登大飯店

「光影紀行2」巡迴展——上海國際珠寶首飾展覽會

「璀璨花園三人聯展——法式美食vs珠寶」高雄新思惟人文空間

「光影紀行3」巡迴展——北京中國國際貿易中心台灣館

「光影紀行4」巡迴展——香港灣仔會議展覽中心，國際設計師區

作品「一樹花開」獲邀心路基金會慈善義賣

二〇一一年

「珠寶詩人曾郁雯作品鑑賞會巡迴展」——台北、香港、北京

「人間四月天」系列III作品鑑賞會——上海襄陽會館

教授「時尚品牌產業課程——關於珠寶妳必須知道的四件事」——學學文創

「曾郁雯美學講座——珠寶的魅力與搭配」北京菜百

攝影散文《和風旅人：京都回眸，及散步全日本》，聯合文學出版社

入選《100年散文選》，九歌出版社

二〇一二年 入選《101年散文選》，九歌出版社

二〇一三年 「璀璨詩韻」雲頂香港二〇一三藝文饗宴在台灣
曾郁雯珠寶詩文個展——台北艾美酒店寒舍空間
UBM亞洲博聞「台灣珠寶首飾展覽會」——台北世貿三館
擔任兩屆「台灣創意珠寶設計師協會」副理事長
珠寶專書《美人紀：珠寶搭配美學》，木石文化出版社

二〇一四年 UBM亞洲博聞「台北世貿國際珠寶展」——台北世貿一館
攝影散文《綺麗京都：那些舌尖上的京情奢華，感動味蕾的京豔食事》，聯合文學出版社
入選《2014飲食文選》，二魚出版社

二〇一五年 YUWEN 珠寶台北店開幕
法國第一屆藝術博覽會——巴黎皮爾卡登展覽中心

「溫婉」，紅寶白玉鑽戒。

二〇一六年

「珠寶・光影・旅行」──廈門鼓浪嶼楊桃院子、後空間
「幸福密碼・心靈珠寶」──深圳寶立方私人會所
「珠寶詩人曾郁雯巡迴展」──哈爾濱展覽館
珠寶私人鑑賞會──北京瑞氏東方

二〇一七年

「珠寶情人」巡迴個展高雄場──高雄新思惟人文空間、帕莎蒂娜法式餐廳
「珠寶情人」新書發會及珠寶兩日個展台北場──Da'co & Co
「珠寶與米其林之旅」──廣州浮水印咖啡廊
「四月天裡的深銘──珠寶如詩，詩如珠寶」──杭州錢塘文化
珠寶私人鑑賞會──北京瑞氏東方
短篇小說《珠寶情人》，有鹿文化出版社
攝影散文《京都之心（全新增訂版）》，聯合文學出版社
入選《2017飲食文選》，二魚出版社

二〇一八年

「旅行與珠寶的幸福進行曲」──台南遠奏曲
珠寶私人鑑賞會──北京瑞氏東方

二〇一九年　新春特展——工作室私人鑑賞

愛不釋手設計師聯展——新光三越展覽館

「旅行與珠寶的幸福進行曲」第五屆頂級生活展——高雄展覽館

二〇二〇年　設計師聯展——台北 SOGO 百貨忠孝館

「57＋1的鑽石人生——珠寶詩人曾郁雯十日展」及新書發表會——采泥藝術

散文《57＋1的鑽石人生——打磨出自己最好的樣子》，時報文化出版公司

「微笑向我」，
紅寶珠貝鑽石別針。

「星垂平野闊」，
蛋白石帕帕拉恰藍寶帕拉伊巴碧璽鑽墜，
月光石鑽鍊。

風吹過的時候
如果聽見悲傷的歌
總有一天
你只會記得當年湧動的月光

藍色夜空下
巴黎鐵塔睡了
夢中的你　彎彎的眼睛
像星星一樣笑了

「巴黎鐵塔星夜燦燦」，
礫背蛋白石紅寶藍寶鑽石墜。

作家作品集94

57+1的鑽石人生：打磨出自己最好的樣子

作　　者—曾郁雯
照片提供—曾郁雯（鄒六．陳鵬至　攝影）
編　　輯—林昕平
企　　劃—金多誠
封面暨內頁設計、排版—大觀視覺顧問

總 編 輯—曾文娟
董 事 長—趙政岷
出 版 者—時報文化出版企業股份有限公司
一〇八〇一九台北市和平西路三段二四〇號七樓
發行專線—（〇二）二三〇六六八四二
讀者服務專線—〇八〇〇二三一七〇五
（〇二）二三〇四七一〇三
讀者服務傳真—（〇二）二三〇四六八五八
郵　　撥—一九三四四七二四時報文化出版公司
信　　箱—一〇八九九臺北華江橋郵局第九九信箱

時報悅讀網—http://www.readingtimes.com.tw
時報文化臉書—https://www.facebook.com/readingtimes.fans
法律顧問—理律法律事務所 陳長文律師、李念祖律師
印　　刷—金漾印刷有限公司
初版一刷—二〇二〇年十一月六日
定　　價—新台幣四二〇元
（缺頁或破損的書，請寄回更換）

時報文化出版公司成立於一九七五年，
一九九九年股票上櫃公開發行，二〇〇八年脫離中時集團非屬旺中，
以「尊重智慧與創意的文化事業」為信念。

57+1的鑽石人生：打磨出自己最好的樣子 / 曾郁雯著.
-- 初版. -- 臺北市：時報文化, 2020.11
面；　公分. -- (作家作品集；94)
ISBN 978-957-13-8414-6(平裝)

1.成功法 2.自我實現 3.珠寶設計

177.2　　109015839

ISBN 978-957-13-8414-6（平裝）
Printed in Taiwan